Aktien ohne Stress

Uwe Lang, geb. 1943 in Augsburg, studierte Theologie und Pädagogik, seit 1970 auch das Börsengeschehen. Er ist Autor des *Aktien-Berater* (8. Auflage 1994) und des *Börsen-Berater*. Seit 1988 Herausgeber der »Börsensignale«, eines der erfolgreichsten Börsenbriefe (beste Durchschnittsrendite aller deutschen Börsenbriefe in den letzten drei Jahren).

Uwe Lang

Aktien ohne Stress

Mit MSM in nur einer Stunde im Monat zum Börsenerfolg

Campus Verlag
Frankfurt/New York

Die Deutsche Bibliothek – CIP-Einheitsaufnahme

Ein Titeldatensatz für diese Publikation ist bei
Der Deutschen Bibliothek erhältlich.
ISBN 3-593-36437-9

4., aktualisierte Auflage 1999

Umschlaggestaltung: Guido Klütsch, Köln
Satz: Fotosatz L. Huhn, Maintal-Bischofsheim
Druck und Bindung: Druckhaus Beltz, Hemsbach
Gedruckt auf säurefreiem und chlorfrei gebleichtem Papier
Printed in Germany

Inhalt

Vorwort 9

Teil 1
Grundlagen der Börsenstrategie 15

1. Kapitel
Aktienkurse unter Druck, verwirrte Anleger 17

Der Euro – Freund oder Feind? 18
Die Sorge um die Stabilität 20
Der Herbst 1992: Pessimismus trotz sinkender Zinsen 22
Testen Sie Ihr Anlegerwissen 24

2. Kapitel
Masseneuphorie und -hysterie als ärgste Feinde
des Anlegers 28

Menschliche Eigenschaften, die Erfolge an der Börse schwer
bzw. leicht machen 28
Die Niederlage der Chartisten 31

3. Kapitel
Die Anleihezinsen bestimmen die Aktienkurse 38

Festverzinsliche Wertpapiere 38
Rendite und Nominalzins 38
Anleihezinsen und Aktienmärkte 41
Börsengewinne durch Bilanz- und Fundamentalanalyse? 46
Die Macht der Zinsen 50
Der Verzögerungseffekt bei Zinsbewegungen 53
Börsengurus und die Wirklichkeit 56
Im Dschungel der Zinssätze 59
Die Bundesbank-Brille allein garantiert noch keine Klarsicht . . 61

4. Kapitel
Die Monats-Schluß-Methode – ideal für Anleger mit wenig Zeit 64

Die Quartal-Schluß-Methode: eine ausreichende Grundlage? . . 65
Mit MSM zum Börsenerfolg 68
Im Test: der langjährige Anlageerfolg 76
Schweiz und Österreich 94
Japan und Hongkong 96
England und Frankreich 98

5. Kapitel
Die Auswahl der Aktien 101

Soll man Verlustaktien halten? 103
Hilft die Fundamentalanalyse bei der Aktienauswahl? 104
Auswahl Deutsche Aktien 109
Auswahl USA 109
Auswahl Europa 110
Auswahl Hongkong/Singapur/Malaysia 111
Auswahl Japan 111
Auswahl Rohstoffaktien 112

Teil 2
Ergänzende Methoden für den Börsenprofi 113

6. Kapitel
»Normale« oder »inverse« Zinsstruktur 115

7. Kapitel
Der Goldpreis als wichtigster Indikator für Geldentwertung 120

8. Kapitel
Der Trend des US-Dollars – wichtiger Faktor für die Aktienkurse 134

9. Kapitel
Der Dow Jones Utility-Index 141

10. Kapitel
Auf der Suche nach guten Ratgebern bei der Aktienauswahl 148

Die Risiken der »Neuen« 149
Börsenbriefe: Tummelplatz der Stimmungsmacher? 152
Tips zur Aktienanlage mit kühlem Kopf 153

11. Kapitel
Zur »relativen Stärke« von Aktien 156

12. Kapitel
MSM als Stop-Signal für einzelne Aktien 164

13. Kapitel
Aktien vergessen? 168

Optionen und Optionsscheine 168
Index-Futures 171
Eröffnung eines DAX-Kontraktes mit einem Verkauf 173
Fragen und Antworten zum DAX-Future 175
Index-Zertifikate 177

14. Kapitel
Auf Baisse spekulieren? 179

Der Verkauf von Optionen an der Terminbörse
(Stillhaltergeschäfte) 181
Fallbeispiel: Verkauf eines DAX-Call 182
Risiko des Stillhaltergeschäftes 184
Kleines Quiz zu Stillhaltergeschäften 185
Maßnahmen zur Verlustbegrenzung des Stillhalters 186
Auflösung des Stillhalterquiz 188
Zusammenfassende Empfehlungen für Aktionen an
den Terminbörsen 188
Zusammenfassung wichtiger Begriffe der Terminbörse 190

Vorwort

Zinstrends sind das A und O für den Anleger in Aktien. Jeder weiß es, und immer wieder wird dieses Wissen beiseite geschoben. Die Tatsache, daß selbst angesehene Fachleute diese Binsenweisheit ignorieren, mag damit zusammenhängen, daß sich die Berater und Anleger immer mehr wie in einer Herde bewegen. Zu viele Börsenteilnehmer (nicht nur die »Großen«, auch schon »Kleine«) schwimmen in den Trends mit, wollen aber extrem schnell mit ihren Computerprogrammen auf Kursschwankungen reagieren. Sie verstärken damit jede Bewegung. Die sogenannten »technischen Analysen«, Charts, gleitende Durchschnitte usw. greifen meist deshalb zu spät, weil sie häufig stark an Aktien und Aktienindices orientiert sind. Entscheidend wäre dagegen, an den *Ursachen* der Kursbewegungen – Zinsen, Preise, Dollar – anzusetzen und *vorher* zu handeln, ehe die Kauf- oder Verkauf-Panik an den Märkten einsetzt.

Nicht zufällig sind »Aktien-Crashs« ein Phänomen der 80er Jahre. In den 70er Jahren waren oft zweistellige Inflationsraten die Regel. Die Regierungen kurbelten mit einer Politik des Schuldenmachens ihre Konjunkturen an und zahlten mit Inflationsgeld zurück. Der Goldpreis stieg im Januar 1980 auf Panikkurse über 800 $, ehe Regierungen und Zentralbanken einsahen, daß es so nicht weitergehen konnte.

Niemals in dieser Zeit hat es aber einen Ein-Tages-Crash gegeben wie am 19. Oktober 1987, als der Dow Jones-Index um 23 % (über 500 Punkte) abstürzte, oder am 16. Oktober 1989, als es den DAX mit 13 % voll erwischte.

Diese scharfen Kurseinbrüche, die immer dann auftraten, wenn der kleine Anleger es am wenigsten erwartete, haben sehr zur Skepsis gegenüber den Aktienmärkten in Deutschland beigetragen.

Dabei wird aber gerade auch der »kleine Sparer« nicht darum herumkommen, sich mit Aktienanlagen ernsthaft zu beschäftigen. Weil Unternehmen mit immer weniger Arbeitskräften auskommen bzw. Arbeitsplätze in »Billiglohnländer« verlagern, wird auch für »kleine Leute« und Rentner in Europa die Notwendigkeit immer größer, sich an Unternehmen und ihren Gewinnen zu beteiligen, wenn man nicht im Abseits bleiben will.

In den USA hat man das rechtzeitig erkannt. Dort sind breite Bevölkerungsschichten direkt oder über Fonds an Aktien beteiligt. In Deutschland trifft das nur auf 5 % der Bevölkerung zu.

Dieses Buch soll dem Börsenneuling die Angst vor Aktien nehmen, es soll ihm helfen, sich mit ganz einfachen Mitteln zurechtzufinden. Dem Erfahrenen, der keine Zeit hat, sich komplizierten Analysen und Berechnungen hinzugeben, soll es eine verläßliche Richtschnur sein.

»Kaufen und liegenlassen« ist bei Aktien nicht anzuraten. Auch darf man sich nicht darauf verlassen, daß man einen Abwärtstrend kurzfristig schon rechtzeitig erkennen wird oder daß es einem der freundliche Herr am Bankschalter schon sagen wird, wenn man verkaufen muß. Er weiß es nämlich auch nicht, weil er mit einer Flut von widersprüchlichen Informationen eingedeckt wird. Auch leben wir nicht mehr in den 70er Jahren, als man immer noch günstig ausstieg, wenn Charts geschnittene Trends oder durchbrochene Unterstützungslinien anzeigten. Wir müssen jetzt verstärkt auf Frühindikatoren setzen! Und dazu gehören die Zinsen und manchmal auch der Dollarkurs und der Goldpreis.

Erst in den letzten zehn Jahren kam die starke Bedeutung des Dollar/DM-Kurses für die Aktien so richtig ins Bewußtsein der Anleger. Da ein schwacher Dollarkurs die DM auch gegenüber europäischen Währungen überbewertet, waren exportorientierte deutsche Unternehmen oft sehr schnell an einer Schmerzgrenze angelangt. 1992 und 1994/95 gab es wegen des schwachen Dollars bzw. der starken DM zahlreiche Kurszusammenbrüche. Ein schwacher Dollar kann die Aktien sogar bei stabilen Zinsen schocken, ein steigender Dollar wirkt oft Wunder bei kranken Börsen.

Schließlich sollte man auch den Goldpreis als Trendindikator nach wie vor nicht außer acht lassen. In den letzten Jahren ist es um das Gold sehr still geworden, obwohl es der wichtigste Gradmesser für weltweite Inflationsgefahren ist. Besonders ein *sinkender* Goldpreis ist wichtig für die Aktien: Selbst ohne sofortige Unterstützung durch sinkende Zinsen gab er den Aktien meist einen starken Hausse-Impuls.

Ein Grund für mich, dieses Buch zu schreiben, war die Erkenntnis, daß eine richtige Börsenstrategie nicht kompliziert sein darf, klaren Regeln folgen muß, nur wenige Daten benötigt und sich durchgängig bewährt haben muß.

»Viele Leute lieben die Arbeit und sammeln eine unglaubliche Menge an Informationen, viel mehr als nötig, um zu einem Entschluß zu kommen. Ich bin anders, ich konzentriere mich auf das Wesentliche« (aus der Autobiographie von George Soros, lt. »Institutional Investor« der größte Geldanleger der Welt).

Soros hat absolut recht. Sie erfahren in diesem Buch, warum »bestinformierte Anleger« häufig so erfolglos agieren, wie man vermeidet, sich von »Stimmungen« anstecken zu lassen, wie man am Aktienmarkt mit monatlichen (!) Kursen auskommen kann und dabei nachweislich glänzende Erfolge erzielt (eine völlig neue, einfache und ohne Rechner anzuwendende Methode wird vorgestellt und die Ergebnisse 35 Jahre zurückverfolgt), schließlich, wie man Länder und Aktien auswählt.

Angeregt durch den Wunsch vieler Anleger, eine »ganz einfache, zeitsparende und dennoch zuverlässige Methode« für Kauf- und Verkaufsignale an den Welt-Aktienbörsen zu entwickeln, habe ich den Versuch gemacht zu erforschen, wie sinnvolles Handeln an der Börse möglich wäre, wenn man nur über die Monats-Schlußkurse (bzw. Kurse des letzten Freitags im Monat) der deutschen und US-Anleihezinsen verfügte und allein daraus seine Trendberechnungen gewinnen müßte.

Das Ergebnis hat mich selbst verblüfft. Dadurch, daß offenbar die Großanleger ebenfalls in längeren Zeiträumen planen und ihre Dispositionen nur selten während eines Quartals ändern, stellte sich heraus, daß sich mit zwei monatlichen Daten ganz hervorragende Signale gewinnen lassen. Davon handelt Teil 1 dieses Buchs.

Ich kann gut verstehen, daß es jedem Börsenfachmann unglaublich erscheinen muß, daß man an der Börse mit nur *zwei* Zahlen, der deutschen Umlaufrendite und den US-T-Bonds, die zudem nur *einmal* monatlich erhoben werden, eine so gute Orientierung finden soll.

Die *Zeit* merkte ironisch an: »Damit dürfte auch den kleinen Leuten der Wechsel vom Arbeitsmarkt zum Aktienmarkt nicht mehr so furchtbar schwer fallen. Falls allerdings wider Erwarten in 35 Jahren aus ihrer Arbeitslosenstütze doch kein Vermögen geworden ist, sollten sie mal bei Zinspapst Lang nachfragen.«

Ist Ironie ein Ersatz für sachliche Auseinandersetzung? Immerhin galt schon bisher die Methode, auf neue Hochs und Tiefs der Zinsen zu achten, als nicht so ganz abwegig.

Außerdem ist der Erfolg meßbar und wird nachgewiesen – im Unterschied zu den meisten anderen Analysemethoden, die immer nur mit gelungenen Einzelbeispielen glänzen, aber niemals konsequent 35 Jahre zurück getestet wurden.

Immerhin hat die MSM-Methode in ihrer in Teil 1 beschriebenen simplen Form dem Anleger von Oktober 1996 bis Ende September 1997 bezogen auf den DAX rund 50 % Kursgewinn gebracht!

Freilich läßt sich jede Methode noch verbessern. Außer den Anleihezinsen gibt es weitere wichtige Indikatoren für die Aktienmärkte. Mit dem US-Dollar, dem Goldpreis, dem Dow Jones Utility-Index, der relativen Stärke sowie Stillhalterstrategien an den Terminbörsen werden wir im 2. Teil für den angehenden oder auch langjährigen Börsenprofi zusätzliche Hilfsmittel betrachten.

Als Anwender stelle ich mir nicht nur den privaten Anleger vor, der wenig Zeit hat, sondern auch den Vermögensverwalter, der nur in »sichere Standardwerte« investiert und monatlich neu disponieren muß.

Ausdrücklich betonen möchte ich, daß dieses Buch nicht nur für deutsche Anleger geschrieben wurde, obwohl die deutschen und amerikanischen Zinsen die entscheidenden Signale liefern. Es wird der Nachweis erbracht, daß Anleger beispielsweise in schweizerischen und österreichischen Aktien bei Beachtung derselben Signale ebensogut abgeschnitten hätten.

Die Frage, warum ich ein solches »Ei des Kolumbus« überhaupt veröffentliche und nicht für mich behalte, ist schnell beantwortet: Es war immer mein Ziel, daß möglichst viele Anleger selbst mitdenken, mitreden und dabei mitentscheiden und erkennen, daß das von den sogenannten »Börsengurus« und »Fachleuten« verbreitete tägliche Gerede absolut entbehrlich, wenn nicht sogar schädlich ist. Wenn dieses Büchlein dazu beiträgt, die vielerlei »Sirenengesänge« in den Börsenberichten der Medien stiller werden zu lassen und das kurzfristige Denken in Tagestrends einzuschränken, hat es seinen Zweck erfüllt.

Augsburg, im Oktober 1997 Uwe Lang

Teil 1
Grundlagen der Börsenstrategie

1. Kapitel

Aktienkurse unter Druck, verwirrte Anleger

»Auslandsverkäufe setzen Aktienkurse unter Druck. DAX sinkt im Wochenvergleich 4,78 %« lautete die Schlagzeile des *Handelsblatts* am 28. September 1992 im Blick auf die vergangene Woche.

Es war alles so enttäuschend verlaufen. Dabei hatte man nach dem schrecklichen Sommergewitter an den internationalen Aktienbörsen so sehnsüchtig auf einen freundlichen Herbst gehofft.

Wie gebannt hatte man am 20. September nach Paris ge-

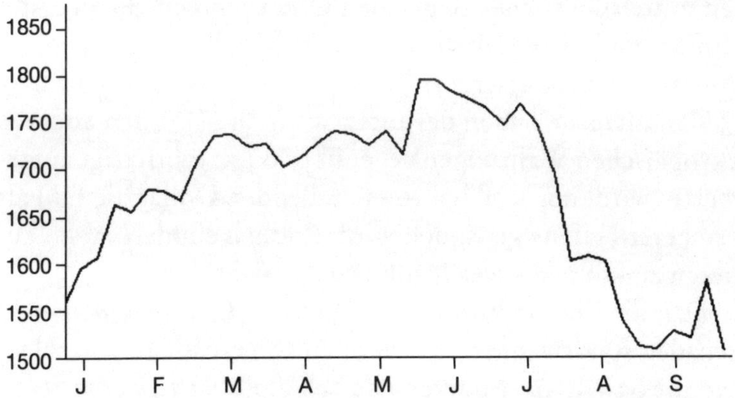

Diagramm 1: Deutscher Aktien-Index Januar bis September 1992

blickt. Dort erhoffte man sich von einer Volksabstimmung die entscheidende Wende an den europäischen Börsen. Die Franzosen sollten entscheiden, ob sie die Verträge von Maastricht über die Bildung einer einheitlichen europäischen Währungsunion befürworten oder ablehnen sollten.

In der Regel reagieren die Aktienbörsen auf politische Ereignisse heftig, aber nur kurz. Diesmal aber war man sich einig: Scheitert der Vertrag am Votum Frankreichs, dann ist die europäische Einigung weit zurückgeworfen.

Der Euro – Freund oder Feind?

Von vielen Gegnern des Maastrichter Vertrags wurde schon damals viel Unsinn geschrieben. So wurde der *Währungszusammenschluß* mit einer *Währungsreform* verwechselt. Oder es wurde behauptet, die deutsche Wirtschaft bringe hier »ein Opfer auf dem europäischen Altar«.

Aber trifft diese Metapher die Realität? Wohl kaum: Niemand sehnte sich nach der Währungsunion mehr als die vielen mittelständischen deutschen Unternehmen, die in erster Linie vom Export leben, aber keine Möglichkeit haben, im Ausland zu produzieren.

Vor allem sie leiden darunter, wenn die DM den anderen europäischen Währungen gegenüber ungerechtfertigt aufgewertet wird, nur weil bei einem fallenden Dollar die DM als »sicherer Hafen« gehandelt wird. Endlich einmal klar kalkulieren zu können – welch goldene Aussicht!

Daß die Eurowährung den deutschen *Unternehmen* nicht schadet, sondern nützt, wurde auch von ernsthaften Fachleuten nie bestritten. Andererseits behaupteten viele, die Stabilität wäre nicht mehr gesichert, der *Anleger* werde benachteiligt, insbesondere der kleine Sparer, der auf DM-Anleihen und DM-Festgelder setzt.

Warum aber nun DM-Anleihen und -Festgelder nach einer Umrechnung am 1. Januar 1999 in »Euro« unbedingt »schlechter«, »inflationsgefährdeter« sein sollten, ist schwer zu begründen.

Zwar stimmt es, daß Länder wie Italien, Spanien und andere in den letzten Jahrzehnten eine inflationäre Politik betrieben haben. Ihre Geldmengen haben sich erhöht, und ihre Währungen wurden dafür immer weniger wert. Was jedoch übersehen wird: Die Geldmenge der Euro-Währung wird nicht mehr von einzelnen Staaten gestaltet, sondern von einer unabhängigen Europäischen Zentralbank mit Sitz in Frankfurt.

Ob die Währungsunion gelingt, hängt davon ab, ob die künftige europäische Zentralbank in Frankfurt genügend Befugnisse hat, um die Stabilität einer europäischen Währung zu garantieren, die in mehreren souveränen Staaten Zahlungsmittel ist. So souverän wie bisher könnte jedenfalls kein an der Währungsunion beteiligter europäischer Staat mehr handeln.

Die Befürchtungen der Kritiker: *Vor* der Währungsunion werden sich alle Länder sehr diszipliniert verhalten – und ist die Union erst vollzogen, fängt »man« wieder zu schlampen an. Eben deshalb lautet die Frage: Was kann die Zentralbank tun, um die Stabilität der Währung durchzusetzen? Ist genügend Kontrolle über die Haushaltspolitik der Mitglieder vorhanden? Und wird die erforderliche Disziplin in der Praxis auch funktionieren?

Die Sorge um die Stabilität

1990/91 schien es nur eine Frage der Zeit zu sein, wann es keine »Anpassungen« in der europäischen Währungsschlange mehr geben werde, waren doch die Wechselkurse zwei Jahre hintereinander praktisch unverändert geblieben. Dann aber, nach dem 17. Juli 1992, änderte sich die Lage drastisch, als die Deutsche Bundesbank aus Stabilitätsgründen die Leitzinsen nochmals erhöhte und damit die Sehnsucht der europäischen Partner untergrub, endlich aus der Rezession herauszukommen. Der Kurssturz des Britischen Pfundes und des französischen Franc sowie die scharfe Aktienbaisse 1992 waren eine unmittelbare Folge dieser Unsicherheiten.

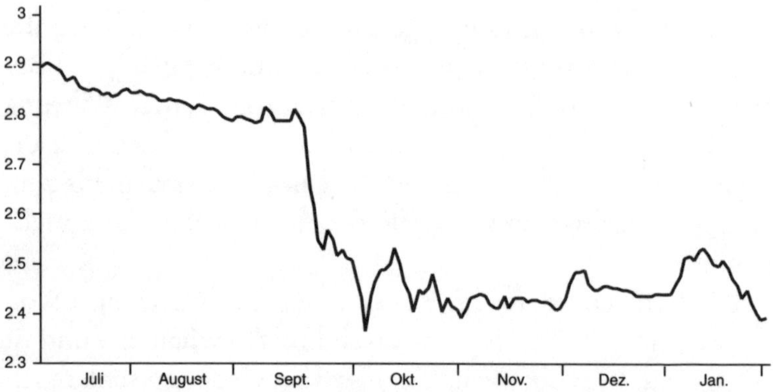

Diagramm 2: Der Kursverfall des Britischen Pfundes im September 1992

Wenn nicht gewährleistet ist, daß eine europäische Währung mindestens so stabil ist wie die heutige DM, dann wird sie nicht kommen, weil sie dann gar nicht durchsetzbar wäre. Das Kapital ist wie ein scheues Reh: Wo es Gefahr wittert, flieht es. Wäre erkennbar, daß gegenüber einer europäischen Währung großes Mißtrauen herrscht, dann würde man das bereits Monate vor Vollzug der Währungsunion an folgenden Vorgängen bemerken:

1. Anstieg des Dollarkurses
2. Anstieg des Goldpreises
3. Verteuerung der Immobilien in Deutschland.

Kein vernünftiger Politiker könnte es sich leisten, angesichts solcher Warnsignale einfach so zu tun, als ob alles in bester Ordnung sei, zumal Wirtschaftsforschungsinstitute, Medien und Opposition hier äußerst hellhörig reagieren würden.

Daß es deshalb wünschenswert wäre, wenn eine europaweit einheitliche Finanzpolitik mit dem Ziel größtmöglicher Stabilität betrieben würde, stand damals und steht auch heute außer Frage.

Aber man hat hier vor lauter Sorge über deutsche Inflationshysterie des Guten zuviel getan. Die Normen sind absolut unrealistisch. Maximal 3,4 % Inflation, 3 % Haushaltsdefizit, eine Staatsverschuldung von höchstens 60 % des Bruttoinlandsprodukts: das sind wirklichkeitsfremde Kriterien, besonders das letztere.

Nach diesen Kriterien dürften Länder wie die USA und Japan aufgrund ihrer Staatsverschuldung nicht in die Währungsunion aufgenommen werden. Auch Hongkong, Korea und Malaysia, die weltweit das höchste Wirtschaftswachstum aufweisen, würden es nicht schaffen. Von den Europäern erfüllt zur Zeit nur Luxemburg alle Kriterien. Italien und Spanien werden wohl auch bis zum Jahr 2001 ihre Verschuldung von über 100 % des Sozialprodukts nicht auf 60 % herabfahren können.

Im Mai 1998 soll festgelegt werden, ob die Währungsunion kommt und wer daran teilnehmen darf. Bei Redaktionsschluß dieses Buchs war dies noch offen.

Der Herbst 1992: Pessimismus trotz sinkender Zinsen

Blicken wir nun noch einmal zurück zu den Septembertagen 1992.

Die Entscheidung in Frankreich ging knapp zugunsten der Währungsunion aus. Aber große Freude kam dennoch nicht auf. Man war sich bewußt, daß das europäische Währungssystem viel instabiler war, als man zuvor geglaubt hatte. Der französische Franc, die italienische Lira und die spanische Peseta kamen weiter unter Druck gegenüber der DM. Die Zentralbanken Frankreichs und Deutschlands mußten massiv eingreifen, um den Franc zu stützen. Die Deutsche Bundesbank verbilligte außerdem kurzfristige DM-Kredite, während Frankreich seine Zinssätze erhöhte.

Spanien, Portugal und Irland wußten sich gegen die Abwertungen ihrer Währungen schon gar nicht mehr anders zu schützen als durch Devisenkontrollen. Das gilt als Todsünde jeder Marktwirtschaft, und die Aktienkurse quittierten dieses »überholte Verhalten« augenblicklich mit Kursstürzen.

Deutsche Aktien wurden gleichfalls mit erneuten Abschlägen gehandelt. Besonders Automobilaktien litten unter der starken DM. Nicht nur der schwache Dollar, sondern auch die Währungsverschiebungen im europäischen Verbund verteuerten deutsche Autoexporte, so daß sich die Gewinnaussichten sowohl für 1992 als auch für 1993 verschlechtern würden.

Entsprechend pessimistisch gaben sich die Wertpapieranalysten. »Aus charttechnischer Sicht gibt es nach Analyse der Bayerischen Landesbank weiterhin Verkaufsignale«, meldet das *Handelsblatt* in seiner Ausgabe vom 28. September 1992 und merkt an:

»Neben den verschlechterten Perspektiven der Unternehmen belastete die verdüsterte Stimmung innerhalb der gewerblichen Wirtschaft die

Börse. Laut IFO erreichte das Geschäftsklima mit einem Wert von 95 den tiefsten Stand seit August 1984. Zusätzlich sorgt das starke Geldmengenwachstum im vergangenen Monat für Ernüchterung hinsichtlich der Hoffnungen auf weitere Zinssenkungen durch die Bundesbank. Vor diesem Hintergrund sieht das Deutsche Bank Research mittelfristig kein nachhaltiges Kurspotential.«

Gut, es gab auch Hoffnung. Hatte nicht die Deutsche Bundesbank am 15. September in einer überraschenden Aktion erstmals wieder seit über vier Jahren ihre Leitzinsen gesenkt? Hatte nicht die US-Zentralbank ihre Zinsen auf ein Niveau gesenkt, das es seit über einem Jahrzehnt nicht mehr gegeben hatte? Ist nicht »billiges Geld« schon immer das beste Konjunkturprogramm gewesen?

Andererseits waren die Trends fast aller europäischen Aktien nach unten gerichtet und keine Wende erkennbar.

In den USA standen Wahlen bevor. Ein Sieg des Demokraten Bill Clinton über den Republikaner George Bush am 3. November könnte dort heftige Kurseinbrüche auslösen, die an den europäischen Märkten ihre Fortsetzung fänden. Außerdem seien Nachwahljahre in den USA meist schwache Börsenjahre gewesen.

Wies man auf die sinkenden Zinsen hin, erntete man bei den Servicediensten vieler Banken und Crash-Propheten nur ein müdes Lächeln.

Die Argumentation war plausibel: Wo sollten bei rückläufiger Industrieproduktion, stagnierenden Masseneinkommen sowie enorm verschlechterter Ertragslage der Unternehmen die Gewinne herkommen, die Aktien erst attraktiv machen? Wo sollte bei nach unten revidierten Gewinnerwartungen und schrumpfender Geldmenge das Kapital herkommen, das die Börse als »Schmiermittel« so dringend benötigt, damit die Kurse laufen können?

Und da sollten nun sinkende Zinsen helfen? Die Kritiker

winkten ab: Erstens habe man ja gesehen, daß diese in Amerika und Japan seit zwei Jahren nichts bewirkt hätten. Das Mißtrauen sei einfach zu tief, eine schwere Depression unausweichlich. Außerdem werde die Sanierung der neuen Bundesländer weiterhin viel Geld kosten. Auch Finanzminister Theo Waigel habe ja davon gesprochen, daß eventuell 1993 mehr Schulden gemacht werden müßten. Schließlich: Sollte sich der Dollar weiter erholen, könnte das die Importpreise in Europa in die Höhe treiben. Dann könnten die europäischen Zentralbanken die Zinsen gar nicht so schnell senken, wie es bei der schwachen Konjunktur nötig wäre. Kurz: Warum sollten da eigentlich die Zinsen sinken?

Die Anleger waren verwirrt. Einerseits lockten die stark ermäßigten Aktienkurse zu Käufen. Andererseits klangen auch die warnenden Stimmen sehr plausibel. In einen »Crash« mit langanhaltender Depression wie 1929-1932 wollte verständlicherweise niemand hineingeraten. Was also sollte man tun?

»Ich persönlich meine, man sollte jetzt kaufen«, schrieb ich am 28. September in *Börsensignale*.

Wie kam ich zu diesem kühnen Schluß? Auf welche Methoden stützte sich meine Analyse? Was gab mir die Sicherheit, daß ich mit meiner Empfehlung nicht schief lag?

Testen Sie Ihr Anlegerwissen

Wir wollen mit Hilfe eines kleinen Börsenquiz zunächst einige Grundlagen der Anlagestrategie besprechen. Sie können dabei Ihre bisher angewandten Methoden kritisch überprüfen.

Die Auflösungen finden Sie im nächsten Kapitel. Die Begründungen werden allerdings erst dann ganz klar sein, wenn Sie dieses Buch zu Ende gelesen haben.

1. Welche Schwankungen der Aktien sollte ein Aktionär für Käufe und Verkäufe nutzen?

   ( ) Die kurzfristigen (einige Wochen)
   ( ) Die mittelfristigen (6 Monate bis 2 Jahre)
   ( ) Beide

2. Wann ist die Zeit gut für Aktienkäufe?

   ( ) Wenn die Unternehmen voll ausgelastet sind
   ( ) Wenn die Anleihezinsen sinken
   ( ) Wenn die Unternehmensdividenden erhöht werden

3. Welche der folgenden Daten sind für den deutschen Aktionär am wichtigsten?

   ( ) Die Produktionszahlen der deutschen Wirtschaft
   ( ) Die Veränderung der Zinshöhe in den USA
   ( ) Die Bilanzen wichtiger deutscher Unternehmen

4. Wie oft sollte man die Börsenkurse als Anleger mit einem konservativen Depot verfolgen?

   ( ) Täglich
   ( ) Einmal im Monat ist ausreichend
   ( ) Gar nicht; das nehmen einem die Banken ab

5. Welche Aktien sollte man bei Käufen bevorzugen?

   ( ) Über die in guten Zeitungen positiv berichtet wird
   ( ) Die auf Jahreshöchstkurs stehen
   ( ) Die auf Jahrestiefstkurs stehen

6. Wie wichtig ist es, Börsenkurse seiner Aktien, die älter als ein Jahr sind, zu kennen?

   ( ) Zur Orientierung sehr hilfreich
   ( ) Eher schädlich als nützlich
   ( ) Weder nützlich noch schädlich

7. Welche der folgenden Meldungen zeigt Chancen am Aktienmarkt an?

   ( ) Anstieg des Goldpreises
   ( ) Anstieg der Arbeitslosigkeit
   ( ) Rekord-Auftragseingänge, Wirtschaftsboom

8. Welche Bedeutung hat der Wechselkurs Dollar/DM für europäische Aktien?

   ( ) Hat mit der Aktienkursentwicklung nichts zu tun
   ( ) Ein im Aufwärtstrend befindlicher Dollar begünstigt europäische Aktien
   ( ) Ein im Abwärtstrend befindlicher Dollar führt zu Käufen europäischer Aktien

9. Wodurch wird der Wechselkurs Dollar/DM kurzfristig am stärksten beeinflußt?

   ( ) Durch die Veränderungen der Handelsbilanzstatistik
   ( ) Durch die Veränderungen des Abstands der Anleihezinsen USA/Deutschland
   ( ) Durch die Veränderungen der Preissteigerungsraten USA/Deutschland

10. Die Aktienmärkte sind weltweit um 20 % gestiegen, aber einige der von Ihnen bevorzugten Titel liegen im Verlust. Was tun Sie?

    ( ) Öfter Börsenkommentare und Ratschläge in Presse und Fernsehen verfolgen
    ( ) Die Verlustaktien verkaufen
    ( ) Gestiegene Aktien mit Gewinn verkaufen und bei den preiswerten nachkaufen

2. Kapitel
Masseneuphorie und – hysterie als ärgste Feinde des Anlegers

Die schwersten Fehler an der Börse werden nicht aufgrund mangelnder Kenntnisse gemacht, sondern sind psychologisch begründet.

Es ist fast tragisch zu nennen, daß gerade Menschen mit vielen positiven, sympathischen Eigenschaften wesentlich größere Schwierigkeiten haben, die richtigen Anlageentscheidungen zu treffen, als abgekapselte Einzelgänger.

Menschliche Eigenschaften, die Erfolge an der Börse schwer bzw. leicht machen

Wer es schwer hat	Wer es leichter hat
Guter Zuhörer	Hört überhaupt nicht zu
Gut informiert	Interesse nur an wenigen Zahlen
Kennt Aktienkurse der Vergangenheit	Interessiert sich nicht für frühere Kurse

Verfolgt täglich Börsenkurse, internationale Tendenzen, Unternehmensberichte	Interessiert sich nicht für tägliche Börsentendenzen oder Berichte
Vertrauen zu Fachleuten	Mißtrauisch auch gegenüber Fachleuten
Einsichtig	Guten Argumenten gegenüber unzugänglich
Gesellig	Abgekapselter Tüftler
Gruppenmensch	Einzelkämpfer
Bedürfnis nach Konsens	Lehnt jeden Konsens ab
Gefühl für Stimmungen	Stimmungen gegenüber gleichgültig
Modebewußt	Kein Gefühl für Mode
Treu	Kennt keine Treue
Steht zu getroffenen Entscheidungen	Wirft bei neuen Zahlen Entscheidungen um

Eine Fähigkeit, die im Alltag von hohem Nutzen, ja zum Zusammenleben unentbehrlich ist: gut zuhören zu können, kann einem Anleger zum Nachteil gereichen und ihn viel Geld kosten. Es bedürfte nämlich übermenschlicher Kräfte, von guten, plausiblen Argumenten *nicht* beeinflußt zu werden. Und je größer die Informationsflut, desto größer die Befangenheit und Unsicherheit: Was ist wesentlich, was kann man vernachlässigen?

Wird nach den Kurschancen von Aktien gefragt, erhoffen sich viele Aktionäre zum Beispiel von früheren Höchst- und Tiefstkursen Aufschluß.

Ich habe selbst eifrig »alte Kurse« gesammelt, schon deshalb, weil ich sie zur Entwicklung von erfolgreichen Methoden benötigte. Ich bestreite auch nicht, daß frühere Tiefs gute »Unterstützungslinien« sein können, die einen Kurssturz abbremsen können, und daß bei Kursen, die früher einmal Höchstkurse waren, die Neigung zu Verkäufen einsetzt.

Aber diese Kenntnisse können sehr hinderlich sein, denn sie machen befangen. Wer anhand früherer Kurse beurteilt, ob eine Aktie oder ein Aktienindex »hoch« oder »tief« ist, wird bei neuen, starken Bewegungen nach oben unnötig ängstlich sein, bei schwachen Titeln hingegen viel zu früh besonders mutig handeln, weil er fälschlicherweise denkt, bei »solchen Tiefstkursen« müsse er zugreifen.

Richtig ist im Gegenteil, daß bei der Aktienauswahl diejenigen bevorzugt werden sollten, die auf Jahreshöchstkursen stehen (Quiz 5 b). Dabei stellen sich viele scheinbare »Übertreibungen« nach oben (und bei schwachen Aktien nach unten) im nachhinein als völlig begründet heraus. Die Großanleger wissen ganz genau, warum sie die einen Titel nach und nach kaufen und die anderen vernachlässigen. Sie können nicht so schnell und flexibel handeln, wie Sie als Privatanleger es können. Ihre Käufe und Verkäufe erstrecken sich auf größere Zeiträume. Das können Sie nutzen – wenn Sie sich nicht durch frühere Kurse blenden lassen!

Kurz: Frühere Börsenkurse zu kennen, die älter als 12 Monate sind, halte ich aus der Sicht des Anlegers für eher schädlich als nützlich (Quiz 6 b).

Absolut hinderlich ist auch der Konsum täglicher Börsennachrichten, -kurse und -kommentare. Wer täglich die Kurse verfolgt und die Begleitkommentare der »Fachleute« hört, bekommt allmählich ein Gefühl für die momentane Stimmung an der Börse. Er *ist* im Bild und *macht* sich ein Bild von Gegenwart und Zukunft. Die gegenwärtigen Börsenereignisse bestätigen dieses Bild auch, weil die Kurse der augenblicklichen Tagesstimmung entsprechen.

In der Folge wird alles, was dieses Bild bestätigt, höher gewichtet als Tatsachen oder Ereignisse, die in eine andere Richtung deuten. Das gilt nicht nur für die sogenannten »Fundamentalanalytiker«, die an der Börse fast immer zu spät kommen, weil sie ihren Kursprognosen Unternehmensdaten zugrundelegen, die »Schnee von gestern« sind. Eine schwache Konjunktur und niedrige Auftragseingänge drücken immer auf die Stimmung. Nicht nur Börsenneulinge, sondern auch angebliche Fachleute, die es eigentlich aus Erfahrung besser wissen müßten, schließen daraus auf niedrige Unternehmensgewinne und fallende Aktienkurse.

Das Gegenteil ist richtig: Wenn die Konjunktur schlecht läuft und die Öffentlichkeit mit immer höheren Arbeitslosenzahlen geschockt wird, dann müssen Zentralbank und gegebenenfalls der Staat (sofern er noch Mittel dazu frei hat) etwas für die Konjunktur tun. Und das begünstigt die Aktienkurse (Quiz 7 b).

Die Niederlage der Chartisten

Aber auch die meisten Charttechniker sind nicht wirklich »objektiv«. Sie ziehen ihre Linien in den Kurven so, wie es ihrer schon zuvor feststehenden Meinung entspricht.

Leider mußte ich des öfteren feststellen, daß Chartisten ihr bereits vorgefertigtes Urteil durch eigenwillige Interpretationen von Daten »bestätigten« und sich damit selbst manipulierten.

Dieser Versuchung ist am 3. November 1995 auch der bekannte Chartist Dr. H. D. Schulz zum Opfer gefallen, als er im *Handelsblatt* erklärte, er glaube nicht, daß der DAX noch die 2200-Marke und der Dow Jones die 4850-Marke überwinden könne. Der japanische Nikkei-Index habe eine »klassische Kopf-Schulter-Formation« »lehrbuchmäßig« ausgebildet und werde nun bis mindestens 16300 Punkte fallen.

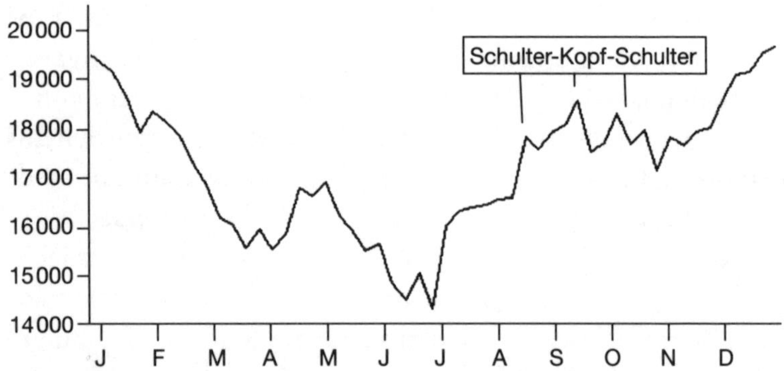

Diagramm 3: Scheinbare Kopf-Schulter-Formation des Nikkei-Index Herbst 1995

Es stellte sich bald heraus, daß Dr. Schulz in allen drei Punkten eine Fehlprognose geliefert hatte: Die »japanische Kopf-Schulter-Formation« war keine mehr, und die beiden anderen Indices hatten die genannten Marken mit Schwung genommen.

Im Grunde war Dr. Schulz ein Opfer einer »fundamentalen Analyse«: Er war überzeugt, daß die japanische Börse einer »Bankenkrise« zum Opfer fallen müsse, die wiederum Europa und die USA mitreißen werde. Wer mit dieser Meinung an Charts herangeht, die ohnehin weitgehend interpretierbar sind, liest dann wohl auch das Entsprechende heraus.

Tatsache ist, daß ein Bruch einer Chartlinie nicht mehr bedeutet, als daß sich der Trend *so* nicht fortsetzt. Weitergehende Schlüsse auf eine Trendwende sind reine Spekulation. Be-

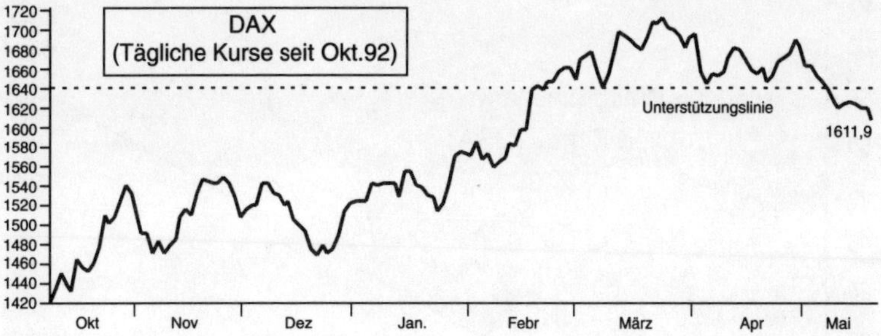

Diagramm 4: Der DAX bricht im Mai 1993 scheinbar nach unten durch; Fehlsignal!

sonders das Beispiel »Allied Signal« (S. 34) zeigt deutlich, wie willkürlich das Ziehen von Trendlinien sein kann, je nach Gefühlslage des Chartisten.

(Zur Information: Sämtliche Kurven der Diagramme 4-6 befanden sich bald wieder im Aufwärtstrend.)

Nun könnte man einwenden: Ja, aber der Anleger ist doch Stimmungen nicht hilflos ausgeliefert! Man sieht doch, wenn ein Börsentrend kippt!

Sieht man es wirklich?

Zeichen für eine Trendwende an den Börsen gibt es tatsächlich immer. Wir werden sie kennenlernen. Aber der

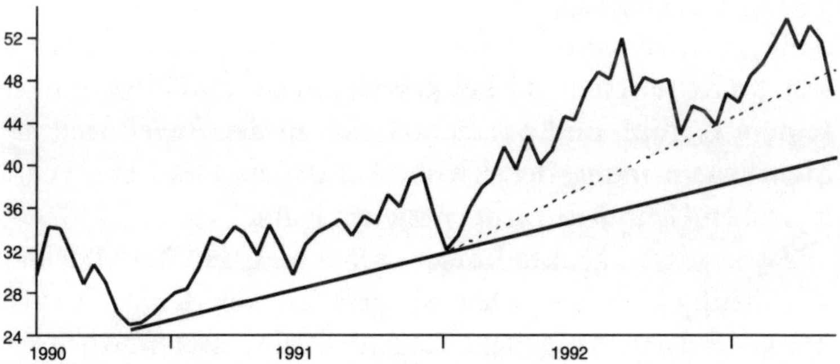

Diagramm 5: Chart der US-Aktie Phelps Dodge Mitte 1993. Welche ist die »richtige« Trendlinie?

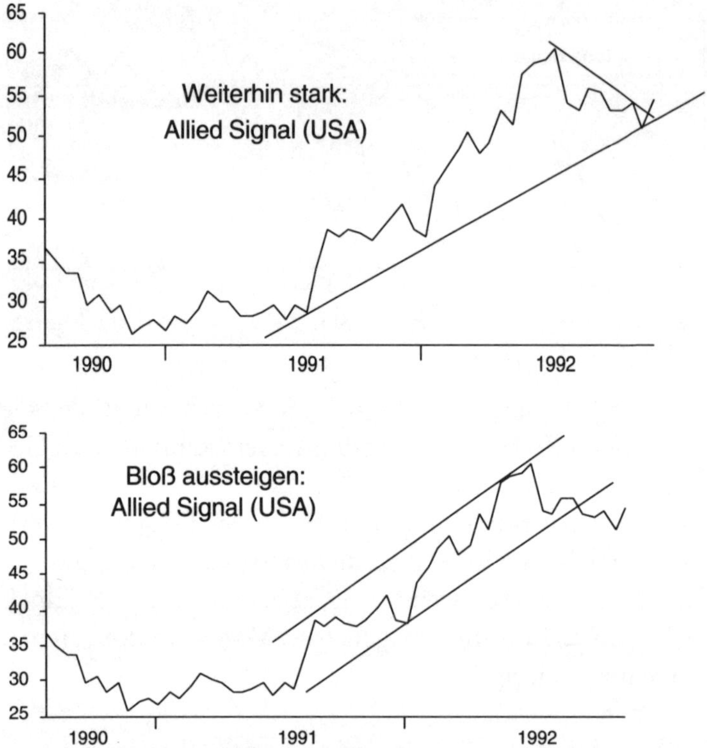

Diagramm 6: Unterschiedliche Chartinterpretationen des Charts von Allied Signal (USA) Ende Oktober 1992

Anleger kann sie nicht wahrnehmen, wenn er nicht weiß, welche Kriterien er stärker gewichten soll. So folgt er eben seinem Gefühl, und das richtet sich in der Regel nach der Mehrheitsmeinung, der sich der Anleger aus »massenpsychologischen Gründen« nicht entziehen kann.

Zwar wissen geübte Börsenteilnehmer, daß die Mehrheit sehr häufig nicht recht hat. Sie gefallen sich dann zeitweise durchaus darin, das genaue Gegenteil zu vertreten. Aber was ist, wenn man von einer Massenpanik (oder umgekehrt: einer Masseneuphorie) überrollt wird? Wie standhaft bleibt man, wenn einem die »Fachleute« und die Börsenereignisse täglich bestätigen, wie falsch man liegt?

Gerade wenn große Unsicherheit unter den Anlegern besteht, überraschende Tagesereignisse sich häufen, wird nach Geborgenheit gesucht, die am leichtesten bei der Mehrheitsmeinung gefunden wird. So tritt die Wende nach einer Baisse meist dann ein, wenn die letzten Standhaften völlig entnervt ihre Aktien weggeworfen haben. Sie verkaufen, weil sie zuletzt die Börse täglich als unerträgliche Qual empfunden haben, wie einen Schraubstock, von dem sie erbarmungslos zerquetscht wurden.

Umgekehrt findet eine Aufwärtsbewegung häufig dann ihr Ende, wenn die letzten Skeptiker ihre Bedenken beiseite geschoben haben und noch schnell mit besonders hohem Einsatz das bisher Versäumte nachholen wollen.

> Halten Sie diese Gleichung für richtig: Viele Informationen, viele Berater, viele Systeme = viel Erfolg?

Eine trügerische Sicherheit bei der Anlageentscheidung vermittelt die tägliche Informationsfülle, die viele Börsenteilnehmer zu verarbeiten suchen. Ich kenne Anleger, die täglich im Fernsehen die Börsennachrichten verfolgen und gierig jeden Kommentar eines »Börsengurus« in sich aufsaugen. Sie haben genügend Informationen, so sollte man meinen, um nun die richtigen Entscheidungen treffen zu können – oder etwa nicht?

Nun, wie erfolgreich sind denn die Anleger, die sich täglich mit all diesen vielen Informationen berieseln lassen? Gewinnen sie unter dem Strich, oder opfern sie ständig ihr Geld für kurzfristige Spekulationen, die am Ende nichts bringen?

Das tägliche Betrachten und Überlegen verleitet den Anleger nämlich dazu, zu meinen, es gäbe dauernd Handlungsbedarf!

Viele Meinungen zu hören, viele Berater zu haben: das ist für den Anleger nicht nützlich, sondern schädlich!

Dabei sucht er sich von allen so plausibel klingenden Ansichten, die stets ausgezeichnet begründet werden, immer das aus, was der momentanen allgemeinen Stimmungslage entspricht.

Was aber gerade der Stimmung entspricht, ist bereits in den Kursen enthalten und sagt über die kommende Börsenentwicklung nicht das Geringste aus. Eher ist das Gegenteil richtig: Die »herrschende Meinung«, die »allgemeine Stimmung«, das, »was alle glauben«, ist meistens falsch.

Auch wer mehrere Indikatoren verwendet, die allesamt gut sein mögen, ist nicht vor der »allgemeinen Stimmungslage« geschützt, wenn nicht von vornherein klar ist, wie diese Indikatoren gewichtet und kombiniert werden müssen. Denn sonst wählt man sich eben je nach Stimmungslage genau jene Indikatoren aus, die einem gerade »vom Gefühl her« passen. Diese Erfahrung mußte ich selbst oft schmerzlich durchleiden.

Wie kann man sich vor diesen psychologischen Einflüssen schützen?

Das erste Rezept mag moralisierend klingen: *Übernehme dich nicht bei deinen Anlageentscheidungen!*

Wer unbedingt »ein großes Rad drehen« will, weil man ja an der Börse seiner Meinung nach »nicht kleckert, sondern klotzt«, und täglich schon von 8.00 Uhr morgens an aufgeregt auf die neuesten Börsenberichte wartet, muß sich nicht wundern, wenn er schon ganz normale tägliche Schwankungen nicht mehr kühl registrieren kann, sondern als persönliches »Glück« oder »Unglück« erlebt. Es ist eine natürliche Folge, wenn solche Spekulanten nicht mehr ruhig und nach objektiven Signalen handeln, sondern nur noch kopflos und aus Panik heraus reagieren.

Wer hingegen sein Vermögen systematisch und rational angelegt hat und weiß, wann er wie reagieren muß, wenn es einmal nicht wunschgemäß verläuft, wird sehr viel bessere Erfolge erzielen. Und das ist so auch ganz gerecht.

Die zweite Chance, die wir haben, uns den täglichen Sirenengesängen an den Börsen zu entziehen, ist, sie einfach nicht mehr zu hören. Wozu denn diese täglichen Kommentare beachten, die nur die Stimmung ausdrücken, die in den aktuellen Börsenkursen längst enthalten ist? Und wozu sollen wir auf politische Ereignisse achten, deren Einfluß auf die Börsen höchst vergänglich ist?

Gewöhnen wir uns an, in erster Linie auf zwei Daten zu achten – und dies nur noch einmal pro Monat:
1. Rendite der US-Anleihen
2. Deutsche Anleihezinsen

Die Zinsentwicklung ist das A und O an den Börsen. Das wird im folgenden Kapitel näher erläutert. (Damit dürfen wir auch die Fragen 1, 2, 3, 4 und 10 aus unserem Quiz abhaken: Stets ist die mittlere Antwort richtig!)

Im 2. Teil des Buchs, der sich an besonders interessierte Anleger richtet, erfahren Sie, was man noch zusätzlich beachten kann. Beispielsweise lohnt sich für das »kurzfristige Timing« auch die Beachtung des Dollarkurses. Bei den Quizfragen 8 und 9 ist (wie bei allen 10 Fragen) ebenfalls die mittlere Antwort die richtige.

3. Kapitel
Die Anleihezinsen bestimmen die Aktienkurse

Festverzinsliche Wertpapiere

Festverzinsliche Wertpapiere (Anleihen) sind unter deutschen Anlegern nach wie vor beliebter als Aktien. Sie sind kalkulierbar, haben einen festen Zins und eine feste Laufzeit, weshalb man sie auch »Rentenpapiere« nennt. Ich gebrauche diesen Ausdruck jedoch nicht, weil er zu Verwechslungen mit der Altersrente und deren Sicherheiten und Unsicherheiten führt.

Auch bei Festverzinslichen gibt es Kursschwankungen, die abhängig sind von der »Rendite«, die neue Anleihen bringen.

Was genau ist nun diese »Rendite«, und was sagt sie aus?

Rendite und Nominalzins

Wenn man von »Anleihezinsen« spricht, sind stets die *Renditen* gemeint. Der Gegensatz wären die *Nominalzinsen.*

Beispiel: 1990 wurde eine zehnjährige Bundesanleihe herausgegeben mit 9 % *Nominalzins.* Das heißt, daß der Erstkäufer der Anleihe 10 Jahre lang 9 % Zins auf die Anleihe erhält, ganz gleich, ob die Zinsen (=Renditen) in den folgenden Jahren steigen oder sinken.

Der Käufer, der dieselbe Anleihe jedoch Anfang September 1993 erwerben wollte, mußte dafür einen um 16 % erhöhten Preis entrichten. Der Grund: 1993 gab es keine neue Anleihe mehr zum *Nominalzins* 9 %. Neue Anleihen brachten jetzt nur noch 6-6,25 % Nominalzins. Und auch unsere 9%-Anleihe von 1990 hatte (wegen des erhöhten Preises) jetzt nur noch eine *Rendite* von 6,12 %.

Die *Rendite* ist also der *wirkliche Zins*, mit dem sich das eingesetzte Eigenkapital »rentiert«.

Schauen wir uns einmal an, wie eine Renditeberechnung in der Praxis aussieht. Im *Handelsblatt* finden Sie zum Beispiel auf der Seite »Anleihen« folgende Kurse (Auszüge aus der Spalte »Öffentliche Anleihen«, Kurse vom 16.03.1994):

Zins %	Laufzeit	Kassa	Vortag	Rendite
Bund 6,12 % v. '87	1997	101,5	101,33	5,524
Bund 5,75 % v. '87	1997	100,75	100,55	5,457
Bund 6,00 % v. '93	2003	99,25	98,90	6,093
Bund 6,25 % v. '94	2024	93,9	93,05	6,723

Nach welcher Formel errechnet man die Rendite?

$$\text{Rendite} = \frac{\text{Nominalzins x 100}}{(\text{Kurs} + \text{Spesen})} \text{ plus } \frac{(100 - \text{Kurs} - \text{Spesen})}{\text{Restlaufzeit Jahre}}$$

Die sogenannte *Umlaufrendite* ist in Deutschland die meistbeachtete Zinszahl. Sie wird in jeder großen Tageszeitung bei der statistischen Übersicht über das Börsengeschehen des letzten Tages veröffentlicht. Sie wird errechnet aus der *Durchschnittsrendite aller öffentlichen Anleihen mit einer*

Restlaufzeit über 3 Jahren, die gerade im Umlauf sind, d.h. an den Börsen gehandelt werden.

> Merke: Wenn die Rendite steigt, fallen die Anleihekurse.
> Wenn die Rendite sinkt, steigen die Anleihekurse.

Beispiel: Anleger Klug möchte Anfang Oktober 1981 10.000 DM anlegen. Er bekommt Signale für sinkende Zinsen. Er kauft 10jährige Anleihen zu einer Rendite von 10,5 %.

Mitte Oktober 1988 verkauft er zu 11.200 DM. Der Gewinn allein durch Kurssteigerungen betrug 12 %. Hinzu kamen die Zinsen in 7 Jahren von 7350 DM. Mit Zinseszins hat er in 7 Jahren somit sein Vermögen etwa auf 20.000 DM verdoppelt.

Zwei Jahre lang gibt er sich nun mit Festgeldern mit 6 % Verzinsung zufrieden. Sein Erlös: 2400 DM.

Im Oktober 1990 kauft er 10jährige Anleihen mit 9 % Rendite und verkauft sie Ende Februar 1994 mit 13 % Kurs-

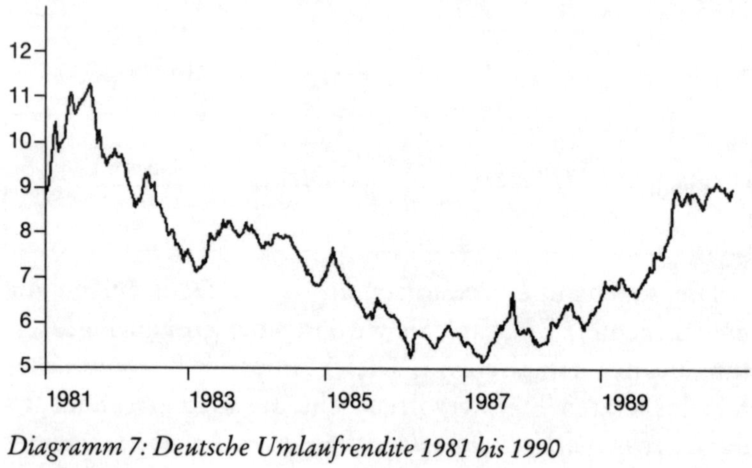

Diagramm 7: Deutsche Umlaufrendite 1981 bis 1990

gewinn. Aus den 22.400 DM (Oktober 1990) sind jetzt 32.300 DM geworden.

Mit festverzinslichen Wertpapieren lassen sich also auch ganz ordentliche Gewinne erzielen. Deutsche Anleger, die ganz auf den Kauf von Immobilien fixiert sind, erzählen oft stolz, daß die vor 10 Jahren erworbene Eigentumswohnung laut »Immobilienspiegel« nun schon 50 % höher bewertet werde.

Hat der Käufer einer solchen Wohnung nicht große Steuervorteile geltend machen können, die ihm unter dem Strich weitere 50 % im selben Zeitraum bescherten, war es ein Verlustgeschäft. Denn man darf die Faustregel nie vergessen, daß man mit Festverzinslichen ein Vermögen in der Regel nach 10 Jahren risikolos verdoppelt hat!

Ebenso sollten Sparer, die auf angebliche Vorteile von Kapitallebensversicherungen setzen, diese Anlage einmal kritisch von Renditegesichtspunkten her unter die Lupe nehmen. Versicherungsvertreter reden gern von den großen Steuervorteilen (warum läßt der Gesetzgeber diese eigentlich zu?) und verschweigen, daß der kleine Beamte, Angestellte oder Arbeiter diese kaum wahrnehmen kann.

Anleihezinsen und Aktienmärkte

Aktienmärkte folgen den Anleihezinsen – das ist ein ehernes Gesetz, auch wenn sich die Aktien manchmal Monate Zeit lassen, ehe sie auf eine Zinsbewegung reagieren.

Wir betrachten dazu die Ereignisse von 1972-1975 einerseits und von 1978-1983 andererseits.

Wann und wie reagierte damals der deutsche Aktienmarkt auf die Zinssenkungen?

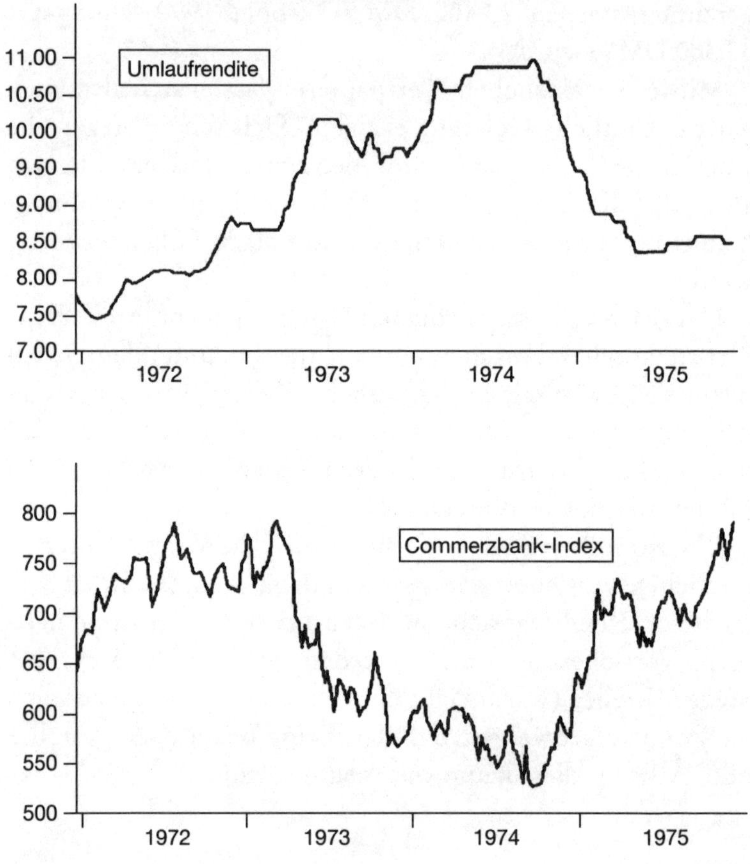

Diagramm 8: Deutsche Umlaufrendite und Commerzbank-Index 1972 bis 1975

Die Aktien brachen erst im Mai 1973 ein, nachdem die Anleihezinsen schon 12 Monate vorher zu steigen begonnen hatten. Als die Zinsen Ende 1974 aufgrund der schwachen Konjunktur rasch sanken, gingen die Aktien praktisch ohne große Verzögerung steil nach oben.

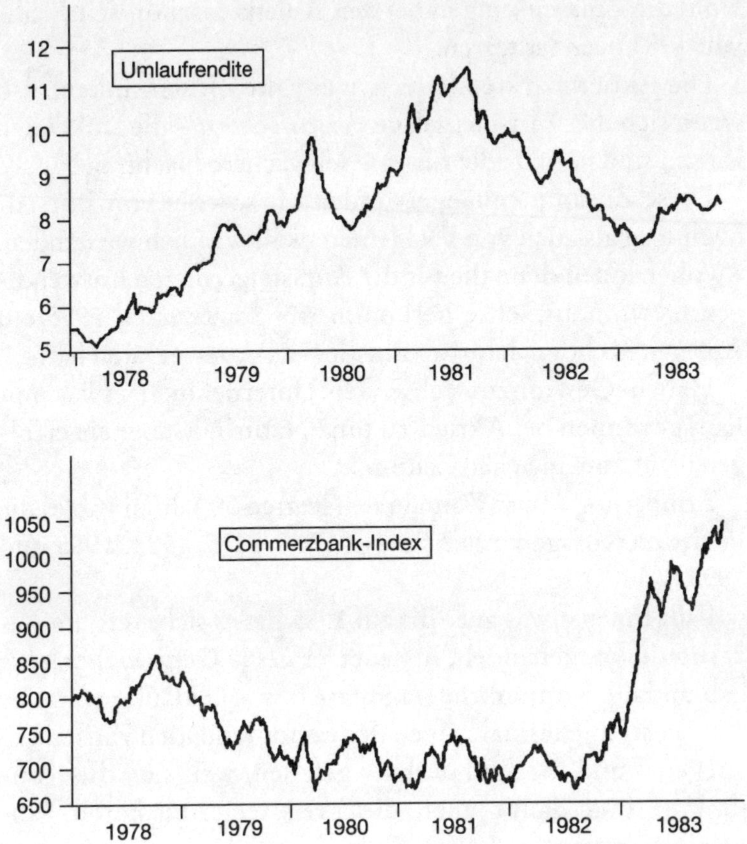

Diagramm 9: Deutsche Umlaufrendite und Commerzbank-Index 1978 bis 1983

Ganz anders verlief die Entwicklung zu Beginn der 80er Jahre: Die seit Frühjahr 1978 steigenden Zinsen führten zu einer schweren und langanhaltenden Aktienbaisse. Im Herbst 1981 gingen die Zinsen deutlich zurück. Diesmal aber benötigten die zutiefst verunsicherten Aktienmärkte fast ein Jahr, ehe sie im Herbst 1982 endlich zur Hausse ansetzten. Diese fiel aber sehr kräftig aus und dauerte zunächst bis Februar 1984, obwohl die Zinssenkungen bei den Anleihen schon seit Frühjahr 1983 beendet waren.

Die Aktienmärkte klettern, wenn die Zinsen sinken, also wenn sich die Wirtschaftslage *verschlechtert* – die sinkenden Zinsen sind ja ein Indiz für eine schwächere Nachfrage.

Diese Zusammenhänge werden oft sowohl von Börsenneulingen als auch von Fachleuten nicht wirklich verstanden. »Woher sollen denn die für die Kurssteigerungen notwendigen Gewinnzuwächse herkommen?« fragte mich 1995 ein Anleger, nachdem ich zum Einstieg in Aktien geraten hatte.

Haben Gewinnzuwächse der Unternehmen etwas mit Kursgewinnen bei Aktien zu tun? Natürlich, aber sie erfolgen nicht zum gleichen Zeitpunkt.

Erinnern wir uns: Wann in den letzten 30 Jahren gab es die höchsten Kursgewinne? Es war 1967, 1975, 1983, 1985 und 1993.

Fällt Ihnen etwas auf? Bis auf 1985 hat es sich stets um *Rezessionsjahre* gehandelt, in denen es *keine Gewinnzuwächse* gab und die Konjunktur stagnierte bzw. rückläufig war. Die Aktien sind jedesmal wegen der rasant fallenden Zinsen gestiegen – und die sind deshalb gefallen, weil sich die Konjunktur und damit auch die Preissteigerungsraten »abgekühlt« hatten.

Die »Gewinnzuwächse«, auf die Unternehmen angewiesen sind, folgten stets 1-2 Jahre *nach* den rasanten Kurssteigerungen. Sie sind möglich, weil bei schwächerem Wirtschaftswachstum auch die Lohnkosten abnehmen und weil kräftig rationalisiert wird, überflüssige Arbeitsplätze abgebaut werden.

Treten dann die Gewinnzuwächse tatsächlich ein und kommt auch die Nachfrage wieder in Schwung, dann ist hingegen der Optimismus an der Börse oft zu groß. Warnungen durch steigende Zinsen werden mißachtet.

Warum unterschätzen selbst erfahrene Börsenfachleute die Wucht von Zinstrends immer wieder? Typisch eine Meldung von »Blick durch die Wirtschaft« am 13. August 1987 (zwei Monate vor dem großen Crash): Nach Meinung des Börsenexperten J. Feshbach vom Brokerhaus Prudential Bache seien die Aussichten auf längere Sicht äußerst günstig zu beurteilen. Ein »kräftiger Zustrom japanischer Gelder« aufgrund des stabilisierten Dollars sowie die stärkere Konzentration auf Aktien, verbunden mit einer Abkehr von festverzinslichen Wertpapieren, werde ein »enormes Nachfragepotential« entstehen lassen. Daher sei der Spielraum nach oben noch beträchtlich.

Daß sinkende Zinsen die Aktienkurse begünstigen und steigende Zinsen sie in die Knie zwingen, ist jedoch im Grunde eine ganz alte Erkenntnis und jedem geübten Börsianer selbstverständlich. In seinem Taschenbuch »Kursstürze am Aktienmarkt« (dtv 5826) hat Hartmut Kiehling die Gültigkeit dieser Regel sogar rückwirkend für die letzten drei Jahrhunderte (!) nachgewiesen.

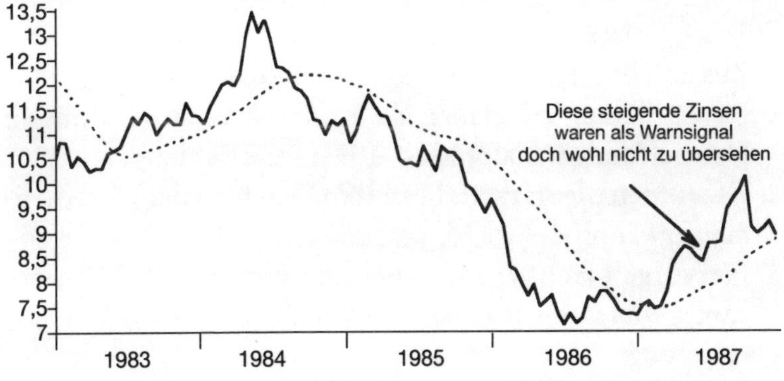

Diagramm 10: Rendite 30jähriger US-Treasury Bonds mit 200-Tage-Durchschnittslinie

Börsengewinne durch Bilanz- und Fundamentalanalyse?

Immer wieder stelle ich fest, daß Fachleute, die der betriebswirtschaftlichen Analyse anhängen, sich besonders schwertun, den Zinssignalen den ihnen gebührenden Rang einzuräumen. Auch wenn es ihnen noch so oft statistisch nachgewiesen wird, daß den Zinsen hinsichtlich des Aktientrends allerhöchste Priorität zukommt, sind ihnen diese Zusammenhänge ein Rätsel. Denn eine Aktie ist für sie eine Beteiligung an einem Unternehmen. Und diese muß im Wert einfach steigen, wenn Bilanz und Gewinnaussichten gut sind. Daß Aktienkurse betriebswirtschaftliche Daten und konjunkturpolitische Überlegungen um 1-2 Jahre vorwegnehmen, will ihnen einfach nicht in den Kopf.

Vor der Jahreswende 1994/95 (die Aktienkurse fielen in Deutschland in den folgenden drei Monaten um rund 10 %) erschienen in den Wirtschaftsteilen großer Tageszeitungen immer wieder Prognosen von »renommierten Analysten« (so werden sie zum Beispiel von der Süddeutschen Zeitung genannt). Meist handelte es sich um Geschäftsführer von Researchabteilungen oder um Vermögensverwalter bekannter Finanzinstitute.

Zusammengefaßt sahen diese »Analysen« so aus:

1. Es wurde auf die glänzende Konjunkturentwicklung in Deutschland (Sozialprodukt 1994: + 2,8 %) hingewiesen.
2. Es wurden die stark verbesserten Gewinne der Unternehmen erwähnt.
3. Hervorgehoben wurden auch die niedrigen Preissteigerungsraten in Deutschland und der Sparwille der Bundesregierung.
4. Bezüglich der Zinsen wurden sehr beruhigende Erklärungen gegeben: »Nicht die Höhe der Zinsen ist für die Bör-

sen entscheidend, sondern ihr Verhältnis untereinander« (so T. Neiße, DB Research, in der Süddeutschen Zeitung vom 24.12.1994). Damit war wohl gemeint: Solange die kurzfristigen Zinsen niedriger sind als die langfristigen, ist alles in Ordnung.

5. Natürlich wurde nie versäumt, darauf hinzuweisen, daß es auch »große Schwankungen« an den Börsen geben kann, daß man »sehr stark zwischen den einzelnen Aktien differenzieren« müsse und ähnliches mehr. Es sollte doch niemand nachträglich behaupten können, der Analyst hätte nicht alle Gefahren rechtzeitig erkannt und darauf hingewiesen.

Ich muß gestehen, daß ich viele Jahre im Zweifel war, ob diese Fachleute ihre Behauptungen wirklich selbst glauben, oder ob sie ihrer zahlreichen Leserschaft diese Hinweise deshalb geben, um sie zu einem bestimmten Verhalten (in der Regel zu Käufen) zu veranlassen. Der offensichtliche Hintergedanke schien mir: »Bei wem laden wir am besten unsere viel zu teuren Aktien ab? Den Kleinanlegern tut es nicht weh, wenn sie diese dann brav über viele Jahre hinaus als Daueranlage halten. Wenn sie jetzt in Massen kaufen, dann kann unser Institut um so besser verkaufen.«

Ich bin heute eher der Ansicht, daß ich den meisten Analysten damit unrecht tun würde: Die meinen es wohl auch so, wie sie schreiben! Sonst wären die zahlreichen Vermögensvernichtungen der letzten Jahre nicht möglich gewesen.

Großbankgeschädigte Anleger, die mir ihre Unterlagen zeigten, verhalfen mir zu Erkenntnissen über die Vorgehensweise von Vermögensberatern, die ich nicht für möglich gehalten hätte.

Ein Beispiel für eine solche Vermögensvernichtung, das ich

anhand der Unterlagen selbst verfolgen konnte, trug sich wie folgt zu:

- 1990 volle Investition in deutsche Aktien, Wiedervereinigungseuphorie.
- Ende 1990, als die Aktien weit im Keller waren, Ernüchterung und Verkauf von Aktien.
- Mit riskanten Investitionen in fragwürdige Unternehmen wie Technocell soll anschließend Boden gutgemacht werden. Der Karren gerät jedoch immer tiefer in den Sumpf.
- Im Herbst 1992, als sich die Rezession abzeichnet, wird trotz niedrigster Kurse auf Baisse spekuliert; das wird mit immer größeren Summen 1993 fortgesetzt, weil dem Aktienanstieg nicht geglaubt wird (schwache Konjunktur).
- Erst bei Höchstkursen 1993/94 enden diese Baisse-Spekulationen, und man setzt angesichts der wirtschaftlichen Erholung erneut auf steigende Aktien.

Hier hatte der Anleger von der Vermögensverwaltung der Großbank schließlich genug. Gerade rechtzeitig; es ging nämlich jetzt wieder abwärts an der Börse.

Man kann diesen Vermögensverwaltern eigentlich gar keine Vorwürfe machen. Sie haben nur das in die Praxis umgesetzt, was sie wohl in ihren betriebswirtschaftlichen Seminaren gelernt haben und was auch die »renommierten Analysten« immer wieder schreiben: daß man Aktien kaufen müsse, wenn die Unternehmensgewinne steigen, und daß man verkaufen müsse, wenn die Gewinne abnehmen oder gar Verluste entstehen. Ob man dabei vielleicht *zu spät kommt und dann gerade das Falsche tut*, scheint sie nicht zu kümmern.

Solche Analysen zeugen allerdings von mangelnder Kenntnis der Börsengeschichte, zumindest aber von mangelnder Bereitschaft, aus ihr zu lernen. Jeder Betriebswirtschaftler sollte durchaus in der Lage sein zu überprüfen, ob

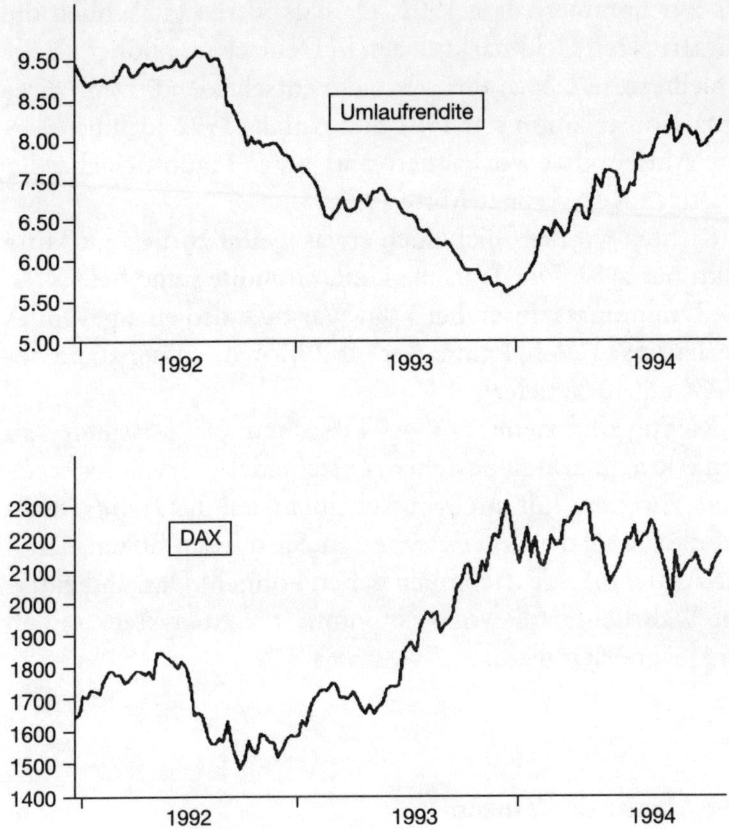

Diagramm 11: Deutsche Umlaufrendite und DAX 1992 bis 1994

das, was er als Ursache von Kursbewegungen am Kapitalmarkt *vermutet*, auch so *stimmt*, sich also in der Vergangenheit bewährt hat.

So behauptet etwa ein Analyst, es komme nicht »auf die Höhe der Zinsen« an. Das ist soweit richtig, denn nicht die *Höhe*, sondern der *Trend* ist maßgebend. Aber falsch wird es dagegen, wenn er meint, das *Verhältnis* von kurz- und langfristigen Zinsen sei entscheidend. Wer so etwas schreibt, dessen »Geschichtskenntnisse« reichen nicht weiter zurück als bis zur Sommerbaisse 1992. Damals waren tatsächlich die kurzfristigen Geldmarktzinsen in Deutschland höher als die Anleihezinsen. Aber das war nicht entscheidend. Denn diese Zins-Konstellation war 1991 und Anfang 1992 auch bei *starker* Aktienbörse vorhanden und nicht Hauptursache der kräftigen Kursverluste Mitte 1992.

Richten wir den Blick noch etwas weiter zurück auf Mitte Oktober 1987. Die deutsche Umlaufrendite stand bei 6,7 %, die Dreimonatszinsen bei 5 %. War dies also ein »gesundes Verhältnis«? Wohl kaum: Bereits 2 Monate später stand der DAX um 40 % tiefer!

Richtig sind vielmehr zwei Tatsachen: Ob Aussichten an den Aktienmärkten bestehen, entscheidet sich erstens *weltweit.* Zweitens kommt es entscheidend auf die *Trends* (nicht auf die Höhe) der *Anleihezinsen* an. Sie müssen sinken, damit die Aktienmärkte nach oben gehen können! Das sind einfache Wahrheiten, die von »renommierten Analysten« seit eh und je ignoriert werden.

Die Macht der Zinsen

Warum steigen Aktien, wenn Zinsen sinken, und warum fallen Aktien im Kurs, wenn Zinsen steigen?

Hierfür gibt es zwei Gründe, die sich gegenseitig verstärken. Erstens weisen steigende Zinsen auf Kapitalverknappung hin. Geld wird benötigt, weil Konsumenten Waren oder Dienstleistungen nachfragen und weil in den Unternehmen investiert wird. Wenn aber Geld in der Wirtschaft gebraucht wird, kann weniger gespart bzw. angelegt werden, es sei denn, die Geldmenge würde erweitert. Da hier aber die Zentralbanken gewöhnlich einen Riegel vorschieben, um Inflationsgefahren gar nicht erst aufkommen zu lassen, steht also weniger Kapital zur Anlage für die Aktienmärkte bereit. Verkaufswillige treffen auf zu geringe Nachfrage. Die Kurse sinken.

Sinkende Zinsen hingegen weisen auf schwache Kapitalnachfrage der Wirtschaft und auf Sparwillen der Konsumenten hin. Das Kapital fließt weniger in Konsum und Investitionen, sondern in Sparguthaben, festverzinsliche Wertpapiere und Aktien. Die Kurse steigen.

Dazu kommt, daß Aktien bei sinkenden Zinsen attraktiver werden, während bei steigenden Zinsen die Verlockung wächst, gegenüber Anleihen das Risikopapier Aktie zu meiden, um risikolos höhere Renditen zu kassieren.

Warum halten sich dann so wenige der angeblichen »Fachleute« an diese Erkenntnis? Weil es immer wieder Ausreden gibt, warum die Zinsen »diesmal« nicht greifen:

»Steigende Zinsen? Inflation? Aber lieber Freund, wir treten jetzt in ein neues Zeitalter der Raumfahrt ein! *Das* ist jetzt für die Börse interessant!«

(Börsenweisheiten im Januar 1970 vor einer scharfen weltweiten Baisse)

»Die Zinsen steigen? Sicher, das tut den Aktienbörsen nicht gut. Aber Sie sehen ja, wie gut dies die Börsen verkraftet haben. Jetzt weisen die Supergewinne der Unternehmen den Weg nach oben!«

(Börsenweisheiten im März 1973 kurz vor der schärfsten Aktienbaisse nach dem 2.Weltkrieg)

»Goldpreis und Zinsen steigen wieder? Na ja, das ist *ein* Negativfaktor. Aber dem steht doch gegenüber, daß die historischen Hochs jetzt erreicht und teilweise übertroffen wurden. Damit ist doch der Weg nach oben frei, zumal die hohen Auftragseingänge eine deutlich verbesserte Wirtschaftslage im nächsten Jahr signalisieren.«

(Börsenweisheiten im Oktober 1978 vor einer 4 Jahre anhaltenden Baisse in Deutschland)

»Sicher, sicher, die steigenden Zinsen haben die derzeitige Hausse etwas gebremst. Aber Sie werden sehen: Die Zinsen werden bald wieder sinken. Im übrigen zählen an der Börse wohl doch die Ertragsaussichten der Unternehmen!«

(Börsenweisheiten im August 1987 zwei Monate vor dem Crash)

Das Gemeinsame an all diesen Weisheiten ist jeweils die Überzeugung, daß die »üblichen Regeln« in der »jetzigen so besonderen Situation« ihre Gültigkeit verloren hätten. Aber auch dieser immer wiederkehrende Irrglaube an eine »Ausnahmesituation« und ein grenzenloser Optimismus haben immer zu den normalen Erscheinungen vor einer Baisse gehört.

Was gültig war, bleibt gültig: dazu gehört, daß steigende Zinsen eine Aktienbörse in die Knie zwingen, ebenso, daß nach einer langen und steilen Hausse auch wieder eine Baisse folgen muß und daß es dafür genügend Anzeichen gibt.

Sicher ist es selbst für Börsenexperten psychologisch sehr schwer auszuhalten, wenn Monate vergehen, ohne daß etwas passiert, obwohl die Zinsbewegungen ja bekannt sind.

Denn es gibt auch eine andere Regel, die lautet: Was an der Börse bekannt ist, ob positiv oder negativ, kann als abgehakt und erledigt gelten und wird künftig weder schaden noch nützen. Gilt das dann nicht auch für Zinsbewegungen?

Ganz so einfach ist es nicht einmal mit Unternehmensnachrichten. Selbst sie ignoriert die Börse manchmal erstaunlich lange.

Dazu folgendes Beispiel: Die co op-Aktie hatte Mitte September 1988 einen Höchststand von 508 DM erreicht und notierte Mitte Oktober 1988 bei etwa 470 DM. Da erschien ein »*Spiegel*«-Artikel, der detailliert nachwies, daß der Vorstand des Unternehmens die Öffentlichkeit täusche, daß der Kurs nur durch Manipulationen so hoch gehalten werde und das Unternehmen im Grunde pleite sei.

Die Kurseinbußen blieben relativ gemäßigt; noch Ende 1988 notierte co op bei 318 DM. Erst im Laufe des Jahres 1989 sank der Kurs allmählich gegen Null.

Der Verzögerungseffekt bei Zinsbewegungen

Zinsbewegungen werden von den Aktienbörsen nur selten *sofort* in Kursbewegungen umgesetzt. Zwar gibt es stets gewisse Reaktionen auf Zinsmaßnahmen der Zentralbanken, aber es ist ein immer wiederkehrender Fehler mancher Berater, wenn sie glauben, nach ein paar Tagen sei das Zinssignal »eskomptiert«, d.h. in den Kursen enthalten. »Enthalten« ist aber lediglich die *Nachricht*, daß die Zinsen steigen. Die Nachricht schockt zunächst ein wenig und wird dann aber wieder verdrängt, so daß leicht der Irrglaube entstehen kann, nun seien steigende Zinsen in den Kursen »eskomptiert«.

Die eigentlichen Folgen von Zinsbewegungen erreichen die Aktienkurse offenbar meist erst mittelfristig, also Monate später. Je länger sich die Aktienkurse gegen Zinssteigerungen scheinbar immun verhalten, desto heftiger brechen sie dann zusammen.

Bekanntlich war dies 1990 nach dem Einmarsch Saddam Husseins nach Kuweit am 2. August der Fall, nachdem noch einen Monat zuvor manche Aktienindices neue absolute Höchststände gemeldet hatten. Etliche Kommentatoren zeichneten sich in den darauffolgenden Monaten nicht gerade durch Einsicht in börsentechnische Zusammenhänge aus, wenn sie immer wieder betonten, »dieser Verrückte im Irak« habe die schöne Börse kaputtgemacht.

Besonders erstaunlich ist die immer neu wiederholte Behauptung, es gäbe zweierlei Aufwärtsbewegungen am Aktienmarkt: Nach einer anfänglichen, »nur zinsinduzierten« Hausse würde anschließend endlich eine »gewinnorientierte« Hausse einsetzen. Da liefen dann Konjunktur *und* Aktien – auch bei steigenden Zinsen. Ja, die Aktienkurse hätten eigentlich dann erst ein »solides Fundament«. So hören Sie es oft von wohlmeinenden Anlageberatern am Bankschalter.

Der Haken ist nur: Ich habe in den ganzen letzten Jahrzehnten noch nie eine »gewinnorientierte Hausse« gesehen. Wenn Aktien trotz gestiegener Zinsen noch einmal nach oben gegangen sind, dann war das immer nur dem Umstand zu verdanken, daß Aktien eben mit Zeitverzögerung reagieren. Großanleger, die in einer solchen Situation wenigstens einen Teil ihrer Aktien verkaufen möchten, können gar nichts besseres tun, als unerfahrene Kleinanleger durch gezielte optimistische Artikel und Prognosen zu Höchstkursen in Aktien hineinzutreiben. Stimmungen lassen sich ja sehr gut manipulieren; man muß nur immer auf die »glänzenden Gewinnaussichten« verweisen – und lügt damit nicht einmal.

Die kalte Dusche folgt natürlich auf dem Fuße. Denn die Börse hatte bei der angeblich »nur zinsinduzierten Hausse« die steigenden Unternehmensgewinne ja schon vorweggenommen. Sie bezahlt sie nicht vorher *und* nachher.

Natürlich hat es schon oft Börsenkonstellationen gegeben, bei denen die Aktien trotz kräftigem Zinsanstieg noch eine ganze Weile weitergestiegen sind. Mitte 1986 bis September 1987 zum Beispiel stiegen die Zinsen in den USA immer höher, und auf dem Aktienparkett wurde munter weitergetanzt, als ob alles in bester Ordnung sei. Die Folge war ein

»Crash«, der immer dann kommt, wenn alle auf einmal verkaufen wollen, nachdem sie vorher noch so lange wie möglich am Anstieg teilhaben wollten.

Der Privatanleger verläßt sich leider immer zu sehr auf die Prognosen der Aktienexperten großer Wertpapierhäuser und Fonds. Schließlich, so meinen viele, sei es doch deren Beruf, Geld anzulegen und große Vermögen zu betreuen. Für entsprechend kompetent werden sie gehalten. Ihre Äußerungen in den Medien klingen ja auch sehr selbstbewußt und überzeugend – wenig verwunderlich, denn meist entsprechen sie der gerade herrschenden Stimmung.

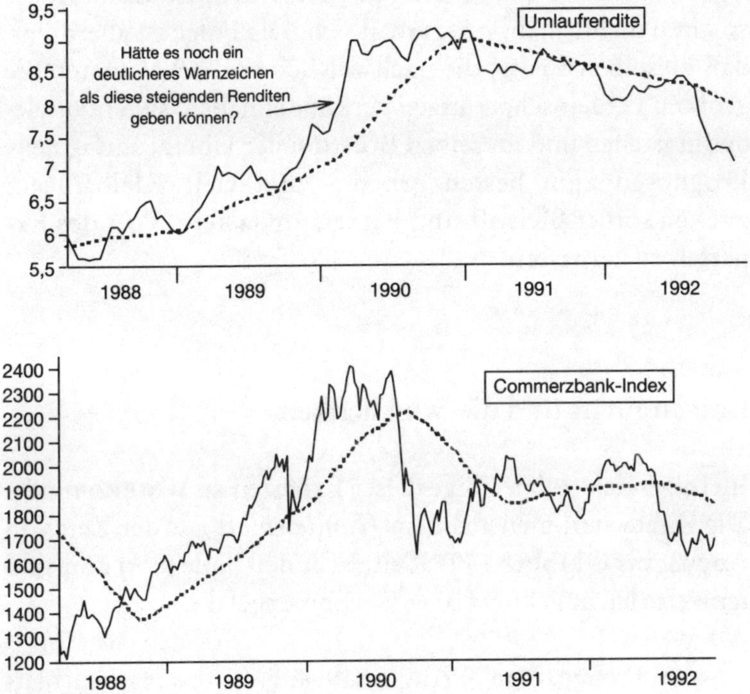

Diagramm 12: Deutsche Umlaufrendite und Commerzbank-Index 1988 bis 1992 (gestrichelt: 200-Tage-Durchschnittslinien)

Ich finde es immer wieder schade, daß so wenig überprüft wird, wie viele dieser Prognosen nun überhaupt richtig waren, obwohl man das ja ohne weiteres feststellen kann. Betrachtet man etwa das Jahr 1994, so stellt man fest: Von der Regel, daß man bei steigenden Zinsen nicht voll in Aktien einsteigt, hatten die meisten Experten entweder nichts gehört, oder sie waren der Meinung, es gäbe keine Regel ohne Ausnahme. Sie hatten dazu noch das Glück, daß bei den steigenden Zinsen in diesem Jahr die Aktien in Deutschland »nur« um 10 % fielen; in anderen Baisse-Zeiten waren es auch schon 20 % bis 30 % gewesen.

Aber seltsamerweise interessieren sich viel zu wenige Anleger für eine solche nachträgliche Kontrolle. »Es ändert ja sowieso nichts mehr«, sagt man sich. Die Folge ist allerdings, daß dieselben Leute, die nachweislich vor 7-9 Monaten die größten Fehleinschätzungen verkündet haben, sich nun wieder hinstellen und im selben Brustton der Überzeugung neue Prognosen zum besten geben – und viele Kleinanleger zücken sofort Bleistift und Papier, um ja kein Wort des Experten zu verpassen!

Börsengurus und die Wirklichkeit

Im folgenden sollen einige dieser Experten zu Wort kommen. Die Zitate stammen aus dem *Handelsblatt* aus der Zeit von August bis Oktober 1994 (Seite »für den Anleger«) und sind teilweise leicht gekürzt bzw. zusammengefaßt.

– Am Freitag, dem 5. August 1994, hatte das Handelsblatt Geschäftsführer J. Olbermann und Direktor Chr. Kutscher von BIL Asset Management (Bank v. Liechtenstein) zu Gast.

Ihre Empfehlungen und Prognosen:

1. Volle Investition in Aktien! Favoriten seien vor allem schwedische Aktien. Optimistisch sei man auch für Frankreich und Spanien. Auch in Tokio und Hongkong habe man aufgestockt.

2. Der Dollarkurs (5.8.: 1,5890 DM) werde deutliche Terraingewinne verzeichnen. »Die Zeit der DM-Stärke ist vorbei«, erklärt Kutscher.

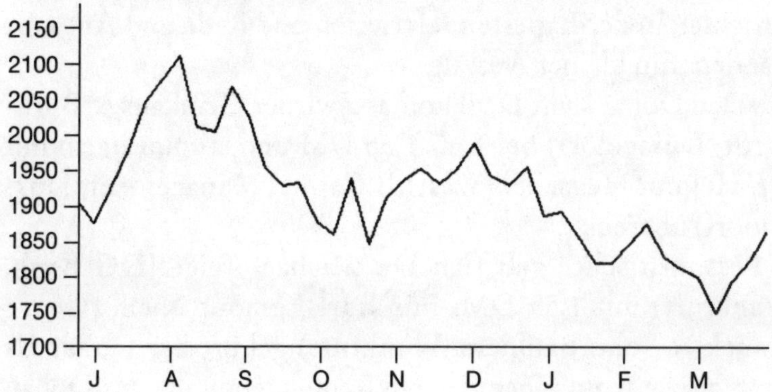

Diagramm 13: Frankreichs CAC 40-Index Juli 1994 bis März 1995

Ein gutes halbes Jahr später stellte sich heraus, daß außer der Prognose, daß die Börsen Schwedens und Norwegens sich besser als der Durchschnitt entwickeln würden (und dies auch nur in Landeswährung gerechnet, nicht auf DM-Basis), fast alles falsch war.

– Am Montag, dem 5. September 1994, berichtete das *Handelsblatt* von einer neuen Broschüre der Vereins- und Westbank, Hamburg. Inhalt:

1. Deutsche Aktien – die bessere Anlageform! Jetzt sei der Zeitpunkt gekommen, die Bestände auf- und auszubauen. (Der DAX stand am 2.9. bei 2204,71!)

2. Besonders empfohlen wurden Thyssen (Kurs 318,8), Mannesmann (440), Linde (939,50), Preussag (480,5), Bayer (376), Hoechst (360,30), Deutsche Bank (727,50), Bayr. Vereinsbank (458,50), BMW (823), Daimler (839), Siemens (701,50).

Im Mai 1995 notierten *sämtliche* empfohlenen Aktien immer noch tiefer als zum Zeitpunkt der Empfehlung!

– Am Montag, dem 31. Oktober 1994, wurde von der Internationalen Aktionärs- und Anlegermesse in Düsseldorf berichtet, in der Experten referierten und Rede und Antwort standen. Ein kleiner Auszug:

»Den Dollar sieht Dr. Thomas Zwirner (Trinkaus & Burkhardt, Düsseldorf) bei 1,60/1,65 DM und stimmt darin mit Dr. Helmut Henschel (WestLB Capital Management, Düsseldorf) überein.

Pessimistischer gab sich Dr. Michael Teige (DG Bank, Frankfurt) mit 1,55 DM. Für Karl-Egmont Niem (Georg Hauck & Sohn Bankiers, Frankfurt) gehört der Dollar als strategische Komponente in ein Rentendepot, das aus Dollar, D-Mark und Yen bestehen sollte.«

Der Dollarkurs, der bald darauf abstürzte, lag zu diesem

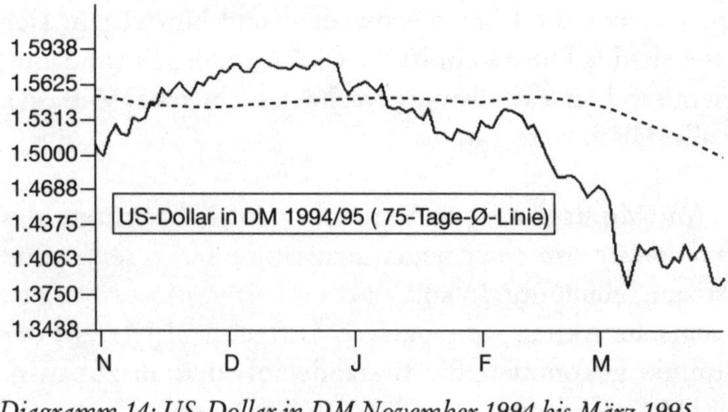

Diagramm 14: US-Dollar in DM November 1994 bis März 1995

Zeitpunkt noch bei 1,4975 DM. Eine Kurssteigerung auf »nur« 1,55 galt als »pessimistisch«.

Meine Empfehlung: Halten Sie sich immer nur an die als richtig erkannten Indikatoren, die Zinssignale, so können Sie sicher sein, daß Ihnen die »Sirenengesänge« nichts anhaben können.

Im Dschungel der Zinssätze

Welche Zinsen sollte man nun verfolgen? Anleihezinsen? Nur Langläufer, oder auch Kurzläufer? Geldmarktsätze? Diskont- und Lombardsätze?
Auch hier gilt die Regel: Weniger ist mehr!

Wenn ich mich aus Mangel an Zeit oder aus Mangel an Informationsmöglichkeiten mit einem einzigen Zinsindikator begnügen müßte, um Prognosen für die weltweiten Aktienmärkte abzugeben, dann würde ich mich fraglos für die Renditen der langlaufenden, genauer gesagt der 30jährigen US-Staatsanleihen entscheiden, genannt »Treasury Bonds«. Diese Renditen werden inzwischen auch in unseren Tageszeitungen regelmäßig angegeben, nachdem es noch bis Mitte der 80er Jahre schwierig war, sie zu bekommen, es sei denn, man war Leser des Wall Street Journal oder hatte Beziehungen zu Banken oder Brokerhäusern, die einem die Zahlen besorgten.

Vor 1977 wurden nur wenige 30jährige Anleihen in den USA gehandelt. Wir greifen deshalb in unseren Zahlen und Statistiken (Kapitel 4) für die Zeit vor 1977 auf 10jährige Treasury-Bond-Renditen zurück, die jedoch auch brauchbare Signale liefern.

Neben den US-Treasury Bonds sind die deutschen Anleihezinsen von besonderer Bedeutung, weil sie den gesamten europäischen Zinstrend am besten repräsentieren.

In Deutschland werden nur wenige Anleihen länger als 10 Jahre gehandelt. Hier hat sich bewährt, die Durchschnittsrendite aller umlaufenden öffentlichen Anleihen mit einer Restlaufzeit von über drei Jahren (kurz: »Umlaufrendite«) als Kennziffer zu verwenden, weil dieser Wert der meistveröffentlichte ist.

Die Renditen der Anleihezinsen sind deswegen so wichtig, weil sie auf den Zinserwartungen des Marktes für die nächsten Jahre beruhen. Erwartungen steigender Preise schlagen sich hier sofort nieder.

Die *kurzfristigen Zinsen am Geldmarkt* hingegen stehen unter dem unmittelbaren Einfluß der Zentralbank und bilden sich entsprechend ihrer Geldmengenpolitik. Auch sie sind natürlich wichtig – wir kommen noch darauf –, aber es sind eher »gesteuerte«, »gewollte« Zinsen, die nicht so sehr wie die Anleihezinsen vom Marktgeschehen abhängig sind.

Was für die US-Bondzinsen gilt, gilt auch für die deutschen Anleihezinsen: Sie geben für die Aktienmärkte bessere Signale als die kurzfristigen Geldmarktzinsen.

Aber beeinflußt denn nicht die Zinspolitik der Zentralbanken auch die langfristigen Anleihezinsen?

Hier gab es 1994 einiges zu lernen. Blättern wir noch einmal zum Diagramm 11 zurück.

Ein Anleger erzählte mir im Juni 1994, er habe im Januar eine größere Menge Zins-Calls gekauft. Das sind Optionsscheine, die von *sinkenden* Zinsen profitieren. Auf meine erstaunte Frage, wieso er sich Zins-*Calls* zugelegt habe (wenn schon Zinsscheine, dann hätte ich doch Zins-*Puts* empfohlen, weil ich mit *steigenden* Zinsen gerechnet hätte), antwortete er, das sei eine Empfehlung seiner Bank gewesen. Der Bankberater habe gesagt, es sei absolut sicher, daß die Bundesbank die Zinsen weiter senken werde.

Als er den betreffenden Bankberater jüngst wieder auf seine damalige Empfehlung hin ansprach und hinzufügte, jetzt habe er ja eine schöne Bescherung erlebt, sei der Berater fast aggressiv geworden: Das seien alles nur Spekulanten, die die Anleihezinsen so hochgetrieben hätten. Und diejenigen, die sagten, die Zinsen würden steigen, verstünden einfach nichts von Börsenzusammenhängen.

Dieses Beispiel zeigt anschaulich, wie die Börse aus der Sicht dessen aussieht, der ganz auf die deutsche Bundesbank und ihre Zinspolitik fixiert ist. Dabei hat unser Bankberater ja sogar recht gehabt! Die Bundesbank hatte wirklich die Leitzinsen weiter gesenkt, und sie sorgte dafür, daß für Festgelder immer weniger bezahlt wurde. Wer Mitte 1994 Beträge bis zu 50.000 DM als Festgeld anlegte, mußte schon einigermaßen froh sein, wenn ihm seine Bank noch 4,50 % gab.

Die Bundesbank-Brille allein garantiert noch keine Klarsicht

Wie hatte es der Altmeister der Börse, Ralf J. Kaderli, in den 70er Jahren einmal formuliert: »Tun Sie niemals etwas gegen die Politik der Zentralbank, denn die sitzt am längeren Hebel!«

Das war auch lange Zeit richtig. Wer 1967, 1969, 1970, 1972, 1974, 1976, 1977, 1978 und 1982 mit dem Trend der Maßnahmen der deutschen Bundesbank kaufte und verkaufte (ganz gleich, ob Festverzinsliche oder Aktien), konnte praktisch blind darauf vertrauen, immer richtig zu liegen.

Das waren noch die Zeiten, in denen die Zinspolitik weltweit überwiegend parallel lief.

Seit 1984 jedoch wäre man als deutscher Anleger sehr oft schiefgelegen, wenn man sich nach der Zinspolitik der Bundesbank gerichtet hätte. Allzu oft ließ sich die Bundesbank dazu verleiten, mit ihrer Zinspolitik auf Währungsschwankungen reagieren zu wollen. Anfang 1985, als der Dollar in Richtung 3,40 DM marschierte, wurde nochmal der Lombardsatz erhöht. Ein vorsichtiger Anleger, der das als Baisse-Signal verstand, verpaßte daraufhin die Super-Hausse 1985. Wer 1987 vor dem Ausstieg auf eine Diskont- oder Lombarderhöhung der Deutschen Bundesbank gewartet hat, geriet voll in den »Crash« hinein (die US-Zentralbank hatte im September 1987 mit einer Diskonterhöhung rechtzeitig »geklingelt«).

Wer Mitte 1988 auf die erste Diskonterhöhung der Deutschen Bundesbank hin verkauft hat, verpaßte die schöne Aufwärtsbewegung 1988/89.

Seit Ende der 80er Jahre orientiert sich die Bundesbank hauptsächlich an der Geldmenge M3, was 1992 zu übertriebenen Zinserhöhungen führte und das Euro-Währungsgefüge kräftig durcheinanderschüttelte.

Wer die Bewegungen bei den deutschen Anleihezinsen verstehen will, muß seine zu enge Bundesbank-Brille ablegen und auf die *weltweiten* Zinstrends achten. Und die werden bestimmt durch die internationale Konjunktur, die Tarifabschlüsse und die Rohstoffpreise. Dies alles fließt in die Kurse der Anleihezinsen mit ein und beeinflussen sie stärker noch als die Bundesbank-Politik.

Die Frage stellt sich nun: Ab wann kann man sagen, daß sich die Zinsen gedreht haben?

Selbstverständlich darf nicht schon jede Tages- oder auch Wochenschwankung als »Zinswende« interpretiert werden.

Andererseits darf man auch nicht zu lange warten. Wir benötigen also eindeutige Regeln, die sich in den vergangenen Jahrzehnten als Klingelzeichen bewährt haben. Gute Klingelzeichen vermeiden Fehlalarm, klingeln also nicht zu früh. Zum Glück laufen ja die Zinssignale den Bewegungen der Aktien mehrere Monate voraus, so daß man sich Zeit lassen und auf die Signale durchaus etwas später reagieren kann.

Sie werden nun eine einfache und bewährte Methode kennenlernen.

4. Kapitel
Die Monats-Schluß-Methode – ideal für Anleger mit wenig Zeit

Signale, die anzeigen, ob die Aktien weltweit steigen oder fallen, müssen eindeutig sein. Und sie müssen sich in der Praxis jahrzehntelang bewährt haben.

Es genügt also nicht, wenn wir nur Zusammenhänge von Kurs- und Preisbewegungen aufzeigen und dann nach Gefühl entscheiden, daß nun allmählich die Anleihezinsen steigen müßten.

Was wir vielmehr brauchen, sind klare Kriterien:

1. Welche Zinsdaten verwenden wir für unsere Prognosen? Welche dieser Daten haben sich in den letzten Jahrzehnten als besonders aussagekräftig für die weltweiten Aktienmärkte erwiesen?

2. Wie definieren wir ein Signal, das aus diesen Daten folgt? Was muß passieren, damit dieses Signal eindeutig ausfällt?

Die Definition dieses Klingelzeichens darf nicht auf bloßem Gefühl oder auf zufälliger Treffsicherheit in *einem* Börsenzyklus gründen; das Signal muß sich vielmehr über Jahrzehnte *durchgängig* bewährt haben.

Ich vermute, daß jeder Börsianer zunächst einmal sehr skeptisch reagiert, wenn ihm erzählt wird, es gäbe eine Methode, bei der man mit nur zwei Zinszahlen, die überdies nur einmal monatlich erhoben werden, ausgezeichnete Prognosen für die weltweiten Aktienbörsentrends abgeben kann. Hat er doch gelernt, daß für die Kursprognose von Aktien umfangreiche Fundamentalanalysen nötig seien, daß das politische Umfeld nicht außer acht gelassen werden dürfe, daß »technische« Analysen von Börsentrends tägliche Hoch- und Tiefkurse mit Angaben von Umsätzen enthalten müßten und daß es einer Fülle von Informationen bedürfe, um einigermaßen richtig zu liegen.

Wer aber gezwungen ist, nur jeweils am letzten Freitag jedes Monats nach eindeutigen Richtlinien seine Signale zu bestimmen, hat den Riesenvorteil, von der Hektik der Tagesereignisse und -meinungen verschont zu bleiben und sich ganz auf die einzig verläßlichen *mittelfristigen Trends* zu konzentrieren, denen die Börse durch alle chaotischen kurzfristigen Schwankungen hindurch folgt.

Daß wir nur Monatsschlußkurse verwenden, ist somit eine große zeitliche Entlastung für alle, die sich keinesfalls mit wöchentlichen oder gar täglichen Trends befassen können. Zum Erkennen mittelfristiger Trends reicht es völlig aus, nur am Monatsende zwei zentrale Zins-Daten zu analysieren.

Es ist ein wichtiger psychologischer Vorteil, unabhängig zu sein von den täglichen Stimmungsschwankungen an der Börse. Tägliche Kursveränderungen samt der zugehörigen Expertenkommentare kann man nun getrost ignorieren, weiß man doch, daß einem wirkliche Trendwenden auch am Monatsende noch rechtzeitig gemeldet werden.

Die Quartal-Schluß-Methode: eine ausreichende Grundlage?

Meine ursprüngliche Absicht war, Ihnen die Arbeit noch mehr zu erleichtern, indem wir nur mit Quartalschlußzahlen arbeiten, also nur die Monate März, Juni, September und Dezember verwerten. Wie nützlich die Betrachtung von Quartalschlußzahlen ist, stellte ich fest, als ich Kauf- und Verkaufssignale für Aktien, die ich nach verschiedenen Methoden in den letzten beiden Jahrzehnten gewonnen hatte, genauer unter die Lupe nahm.

Hätte man beim Kauf und Verkauf jeweils bis zum Ende des Quartals (also bis Ende März, Juni, September oder Dezember) gewartet, wären die Ergebnisse oft noch besser gewesen als bei den genannten unterschiedlichen Methoden.

Anders formuliert: Quartal-Schlußkurse liegen häufig ganz in der Nähe von Quartal-Hoch- und Tiefpunkten; oft liegt hier sogar ein Jahreshoch oder -tief.

Hier nur eine Auswahl von Beispielen zur Erinnerung:

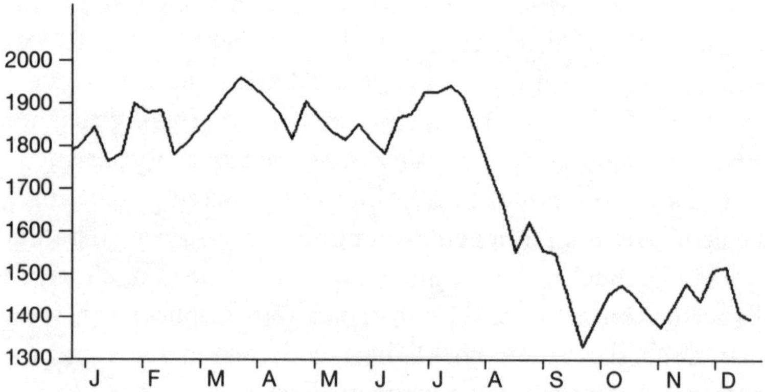

Diagramm 15: Deutscher Aktien-Index (DAX) 1990 (Wochenschluß-Kurse)

- Freitag, 30. März 1990: Der DAX liegt auf seinem Jahreshoch bei 1968,50 Punkten.
- Freitag, 28. September 1990: Der DAX liegt auf dem Jahrestief mit 1334,80 Punkten, ebenso der Financial-Times-Index (1536 Punkte) und der japanische Nikkei-Index (20984 Punkte).

- Mittwoch, 30.September 1992: Der DAX liegt bei 1466,36 Punkten. Das war zwar nicht das Jahrestief; es wurde erst am 6. Oktober mit 1420,30 Punkten erreicht. Aber wiederum hing ein Tiefpunkt mit einer Quartalswende zusammen.
- Donnerstag, 30. Dezember 1993: Der DAX erreicht ein neues Jahreshoch und einen absoluten Höchststand bei 2266,68 Punkten, dieser wurde im folgenden Jahr nur einmal knapp überboten (2271,11 Punkte am 16. Mai 1994).

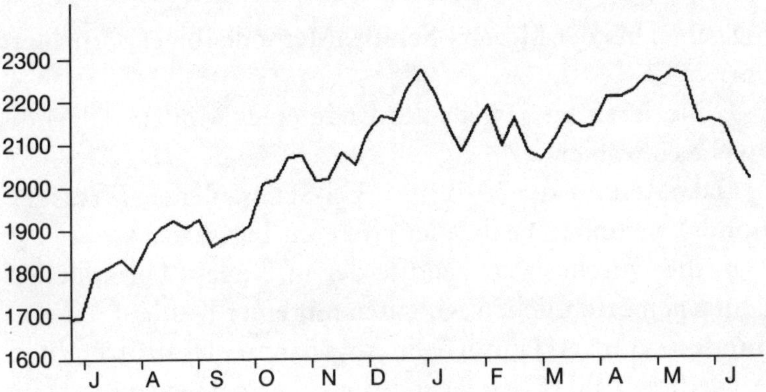

Diagramm 16: Deutscher Aktien-Index (DAX) Juli 1993 bis Juni 1994 (Wochenschluß-Kurse)

Ich nehme an, daß diese Entwicklungen kein Zufall sind. Sie hängen mit den Dispositionen der Großanleger zusammen, die zum Quartalsende ihre Bücher schließen und im neuen Quartal ihre Dispositionen überdenken. Dabei findet dann häufig ein Kurswechsel statt, der das weitere Börsengeschehen prägt.

Die Versuchung war also groß, nur Quartal-Schlußkurse zu verwenden. In einzelnen Fällen, insbesondere bei Kaufsignalen, wäre es jedoch von Nachteil, während des Quartals nicht reagieren zu können. So habe ich mich schweren Herzens doch für eine monatliche Betrachtung entschieden, so verlockend es auch gewesen wäre, sich nur jedes Vierteljahr um seine Anlagen kümmern zu müssen. Doch auch die Monats-Schluß-Methode, die ich Ihnen hier vorstellen möchte, ist überraschend einfach, wie wir nun sehen werden.

Mit MSM zum Börsenerfolg

Sie gehen bei der Monats-Schluß-Methode folgendermaßen vor:

1. Notieren Sie jeweils am Ende eines Monats folgende zwei Kennzahlen:

a) die Rendite der 30jährigen US-Staatsanleihen (Treasury Bonds); sie finden sie in jeder größeren Tageszeitung;

b) die Durchschnittsrendite der in Umlauf befindlichen deutschen öffentlichen Anleihen mit einer Restlaufzeit von mindestens drei Jahren (die sogenannte Umlaufrendite). Auch diese Zahl finden Sie in jedem überregionalen Blatt.

Jahrzehntelange Erfahrung lehrt, daß die Anleihezinsen dieser beiden Länder den weltweiten Trend am besten repräsentieren.

Als Monatsschluß-Termin wählen Sie am besten immer den letzten Freitag im Monat. Ist der Freitag ein Feiertag, werden die Vortagskurse verwendet.

(Hinweis: Man kann natürlich auch stets die Monatsschlußkurse oder die Kurse jedes 4. Donnerstags im Monat nehmen, zum Beispiel weil man immer die Freitagzeitung verwendet. Man muß dann aber konsequent dabei bleiben! Ich habe der Einfachheit halber die Freitagskurse benutzt, weil ich sie als repräsentative Wochenschlußkurse ohnehin immer für meine Analysen verwende.)

Wir benötigen also pro Monat von unseren zwei Indikatoren nur je einen einzigen Kurs. Haben wir sieben Monate lang gesammelt, sieht unsere Aufstellung zum Beispiel so aus:

Datum	Umlaufrendite	US-T-Bonds
27.3.1992	8,28	7,94
24.4.1992	8,23	8,04
29.5.1992	8,23	7,84
26.6.1992	8,35	7,78
31.7.1992	8,45	7,46
28.8.1992	8,34	7,43
25.9.1992	7,77	7,36

2. Bestimmen Sie Kauf- und Verkaufsignale!

Regel: Kaufsignale entstehen grundsätzlich bei *einem* neuen 7-Monats-Zinstief (Umlaufrendite Deutschland *oder* 30jährige US-Treasury Bonds).
Verkaufsignale entstehen nur, wenn *beide* Zinszahlen ein 7-Monats-Hoch erreicht haben.

Mit Hilfe dieser Regeln bestimmen wir nun die Signale in unserem Beispiel am 25. September 1992:

Datum	Umlaufrendite	US-T-Bonds
27.3.1992	8,28	7,94
24.4.1992	8,23	8,04
29.5.1992	8,23	7,84
26.6.1992	8,35	7,78
31.7.1992	8,45	7,46
28.8.1992	8,34	7,43
25.9.1992	7,77 K	7,36 K

Am 25. September 1992 lösten sogar *beide* Zinszahlen ein Kaufsignal aus. Sowohl die Umlaufrendite als auch die T-Bond-Rendite erreichten ein 7-Monats-Tief und gaben damit

Kaufsignale für Aktien. *Ein* 7-Monats-Tief bei Umlaufrendite *oder* T-Bonds hätte schon genügt.

Die Entscheidung Ende September 1992 mußte also lauten: *Aktien kaufen*!

Ein Beispiel für eine Verkaufsituation war die Lage Ende Juni 1983, als Umlaufrendite und US-Anleihen einmütig ein 7-Monats-Hoch erreichten. Damit Sie mitverfolgen können, wie gut die Zinssignale für den deutschen und amerikanischen Aktienmarkt waren, seien hier auch gleich die Aktienindices mit angegeben (Co-Index = Commerzbank-Index für deutsche Aktien, Dow Jones = Dow Jones Industrial, meistbeachteter Index für US-Aktien).

In früheren Auflagen dieses Buches gab ich für die Bewegungen deutscher Aktien nicht den seit 1988 existierenden DAX an, sondern den seit 1953 notierten Commerzbank-Index, der außerdem den Vorteil hatte, daß in ihn die Dividendenausschüttungen nicht hineingerechnet wurden. Damit war er mit dem Dow Jones-Index besser vergleichbar als der DAX.

Zur Berechnung der Erfolgsbilanz bleiben wir beim Co-Index. Aus praktischen Gründen gebe ich ab 1997 dennoch die DAX-Werte an. Denn der Commerzbank-Index wird seit 1998 von den meisten wichtigen Tageszeitungen nicht mehr angegeben. Der Leser sollte aber dennoch in der Lage sein, die neuesten Zahlen selbst möglich als mit einem anderen deutschen Aktienindex.

Datum	Umlaufrendite	US-T-Bonds	Signal	Co-Index	Dow Jones
31.12.1982	7,75	10,43		763,40	1046,50
28.01.1983	7,68	10,90		744,00	1064,75
25.02.1983	7,55	10,50		812,80	1120,94
25.03.1983	7,31	10,70		901,70	1140,09
29.04.1983	7,51	10,38 K		960,80	1226,20
27.05.1983	7,84	10,78		922,70	1216,14
24.06.1983	7,99 V	11,06 V	Verkaufen	946,20	1241,69

Daß die beiden benötigten Verkaufsignale so einmütig gleichzeitig kommen, ist nicht die Regel.

Sehen wir uns eine andere Situation an:

Datum	Umlaufrendite	US-T-Bonds	Signal	Co-Index	Dow Jones
29.04.1977	6,30 K	7,45		788	926,9
27.05.1977	6,25 K	7,38		772	898,8
24.06.1977	6,23 K	7,20		744	929,7
29.07.1977	6,03 K	7,42		757	890,1
26.08.1977	5,85 K	7,27		769	855,4
30.09.1977	5,83 K	7,41		768	847,1
28.10.1977	5,79 K	7,56 V		789	822,7
25.11.1977	5,76 K	7,52		797	844,4
30.12.1977	5,60 K	8,03 V		794,20	831,17
27.01.1978	5,50 K	8,21 V		802,40	764,12
24.02.1978	5,33 K	8,27 V		807,40	756,24
31.03.1978	5,17 K	8,33 V		793,80	757,36
28.04.1978	5,29	8,39 V		769,00	837,32
26.05.1978	5,49	8,50 V		768,40	831,69
30.06.1978	5,82 V	8,62 V	Verkaufen	791,80	818,95

Das erste Warnsignal zur Aktienbaisse kam im Oktober 1977 aus den USA, und es war – zumindest für die US-Börse – auch nicht verkehrt, wie man hinterher sehen konnte. Als *weltweites Signal* hatte es jedoch noch keine Gültigkeit, zumal zum selben Zeitpunkt die deutschen Zinsen sogar ein neues 7-Monats-Tief erreichten und damit ein Kaufsignal gaben.

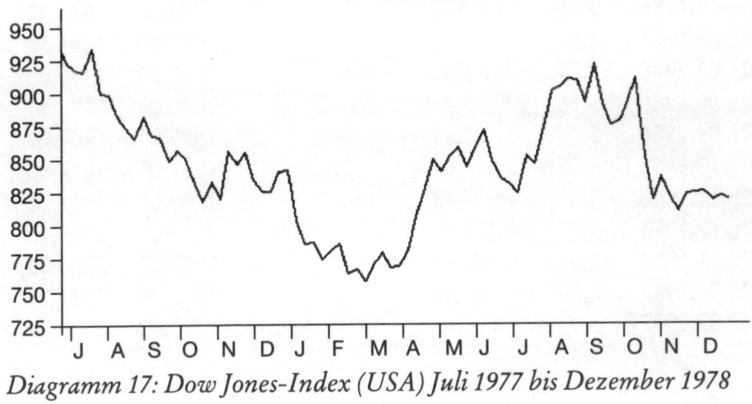

Diagramm 17: Dow Jones-Index (USA) Juli 1977 bis Dezember 1978

Die unterschiedlichen Zinssignale hielten noch eine ganze Weile an. Und die US-Aktien erholten sich ab April 1978 wieder trotz weiterhin negativer Zinssignale. Erst Ende Juni 1978 gaben dann auch die deutschen Zinsen ihr Verkaufsignal für Aktien. (Wie sich herausstellte, war das in diesem Fall immer noch zu früh; man hätte drei Monate später noch günstiger verkaufen können. Aber man sollte konsequent bei seinen Methoden bleiben; man ist ja kein Hellseher.)

Komplizierter wird es, wenn das erste Zins-Verkaufsignal sich in demselben Monat korrigiert, in dem das zweite Signal sein Einverständnis zum Verkauf gibt. Was dann?

Es läge nahe, zu argumentieren, daß wir weiterhin nur ein einziges Verkaufsignal haben, das bekanntlich nicht ausreicht.

Die Erfahrung zeigt aber, daß in diesem Fall äußerste Vorsicht angebracht ist. Zwar weist das neue Kaufsignal schon auf eine erneute Wende zum Besseren hin, aber es ist sehr wahrscheinlich, daß vorerst noch die negativen Einflüsse überwiegen.

Betrachten wir gleich ein Beispiel aus der Praxis:

Datum	Umlaufrendite	US-T-Bonds	Signal	Co-Index	Dow Jones
25.04.1986	5,46	7,61		2192,00	1835,60
30.05.1986	5,90	7,74		1970,00	1876,70
27.06.1986	5,84	7,29		1952,00	1885,30
25.07.1986	5,74	7,40		1853,00	1810,00
29.08.1986	5,56	7,21		2096,00	1898,30
26.09.1986	5,79	7,63		1985,00	1769,70
31.10.1986	6,05 V	7,61		1997,00	1877,80
28.11.1986	5,87	7,41		2069,00	1914,20
26.12.1986	5,87	7,34		2043,60	1930,40
30.01.1987	5,66	7,48		1808,20	2158,00
27.02.1987	5,66	7,48		1711,70	2224,00
27.03.1987	5,43 K	7,64 V	Verkaufen	1779,40	2335,80

Die deutschen Zinsen hatten Ende Oktober 1986 schon ein Verkaufsignal geliefert. Als weltweites Signal hätte es nicht gereicht, aber wenn man den Anteil an deutschen Aktien zu diesem Zeitpunkt stark verringert hätte, wäre das sehr gut gewesen, wie sich herausstellte.

Die US-Zinsen bestätigten dieses Signal erst Ende März 1987. Gerade in diesem Moment gaben die deutschen Zinsen wieder ein Kaufsignal. Was tun? Erst einmal heraus aus dem Markt! Einsteigen konnte man immer noch, falls sich das deutsche Zinssignal fortsetzen und das US-Verkaufsignal nicht weiterklingeln sollte.

Bis Ende Mai 1987 gingen die Aktienkurse tatsächlich in beiden Ländern zurück. Dann kam ein weiteres Zins-Kaufsignal aus Deutschland, das befolgt werden mußte, ehe zwei erneute Verkaufsignale Ende Juli endgültig vor dem nahenden Crash warnten:

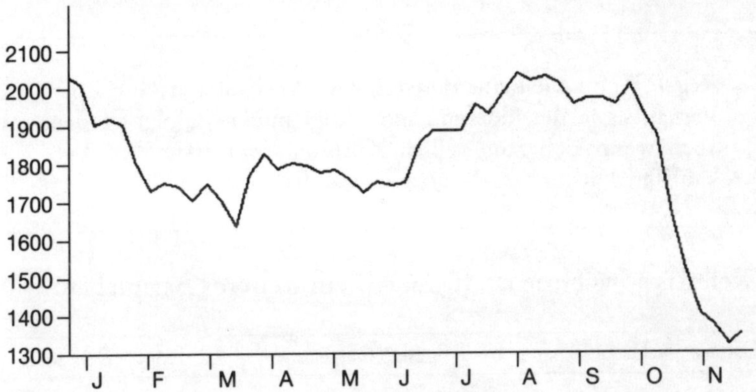

Diagramm 18: Commerzbank-Index Januar bis November 1987

Datum	Umlaufrendite	US-T-Bonds	Signal	Co-Index	Dow Jones
28.11.1986	5,87	7,41		2069,00	1914,20
26.12.1986	5,87	7,34		2043,60	1930,40
30.01.1987	5,66	7,48		1808,20	2158,00
27.02.1987	5,66	7,48		1711,70	2224,00
27.03.1987	5,43 K	7,64 V	Verkaufen	1779,40	2335,80
24.04.1987	5,38 K	8,69 V		1803,70	2235,40
29.05.1987	5,32 K	8,65	Kaufen	1759,60	2291,60
26.06.1987	5,65	8,50		1891,60	2436,90
31.07.1987	5,86 V	8,89 V	Verkaufen	1987,00	2572,00
28.08.1987	6,02 V	9,18 V		2013,50	2639,40
25.09.1987	6,26 V	9,68 V		1959,20	2570,20
30.10.1987	6,11	9,03		1526,00	1993,50

Solche im Zweimonatsabstand folgenden Signalwechsel sind übrigens nicht die Regel. Unsere Methode signalisiert *mittelfristige Trends* (6-24 Monate) und ist nicht für kurzfristige Spekulationen geeignet. Der berühmte »Crash '87« wäre jedenfalls mit dieser Methode spielend umschifft worden.

> *Regel:* Wenn nach einem ersten Zins-Verkaufsignal ein Zins-Verkaufsignal des anderen Landes folgt, muß es befolgt werden, auch wenn sich zum selben Zeitpunkt das erste Zins-Verkaufsignal in ein Zins-Kaufsignal wandelt.

Weil das so wichtig ist, fügen wir ein weiteres Beispiel an:

Datum	Umlaufrendite	US-T-Bonds	Signal	Co-Index	Dow Jones
25.10.1991	8,59	8,05		1826,00	3005,00
29.11.1991	8,60	7,93		1815,00	2895,00
27.12.1991	8,43	7,52		1795,00	3102,00
31.01.1992	8,05	7,76		1934,00	3223,00
28.02.1992	8,04	7,80		2011,00	3268,00
27.03.1992	8,28	7,94		1969,00	3231,00
24.04.1992	8,23	8,06 V		2004,00	3324,00

Datum	Umlaufrendite	US-T-Bonds	Signal	Co-Index	Dow Jones
29.05.1992	8,23	7,84		2036,00	3397,00
26.06.1992	8,35	7,78		1967,00	3282,00
31.07.1992	8,45 V	7,46 K	Verkaufen	1799,00	3394,00
28.08.1992	8,34	7,43 K	Kaufen	1676,00	3268,00

Die Entwicklung 1992 zeigte, daß nicht *immer* in dem Land, das als erstes ein Verkaufsignal gibt, die Lage besonders kritisch ist. Die US-Zinsen gaben das Verkaufsignal Ende April, aber im Juni/Juli gab die deutsche Börse insgesamt stärker nach als die amerikanische. Das zweite Signal Ende Juli kam sehr spät, fast *zu* spät, war aber dennoch zu befolgen, denn im August brachen die Kurse vor allem in Deutschland nochmals heftig ein.

Das Kaufsignal Ende August kam dagegen sehr früh, aber es war bereits möglich, hier einzusteigen, auch wenn der tiefste Punkt der Baisse noch nicht erreicht war.

Wenn ein Signal zum Kauf klingelt, sollte man sicherheitshalber noch eine weitere Regel beachten:

Regel: Wenn zum Zeitpunkt eines ersten Zins-Kaufsignals das andere Land noch ein unmittelbares Verkaufsignal gibt, sollte mit dem Kauf noch gewartet werden.

Auch dazu ein Beispiel:

Datum	Umlaufrendite	US-T-Bonds	Signal	Co-Index	Dow Jones
24.06.1983	7.99 V	11.06 V	Verkaufen	946.20	1241.69
29.07.1983	8.15 V	11.80 V		972.90	1199.22
26.08.1983	8.26 V	11.60		927.50	1192.07
30.09.1983	8.23	11.44		939.10	1233.13
28.10.1983	8.05	11.74		1006.90	1223.48
25.11.1983	8.11	11.63		1025.20	1277.44
30.12.1983	8.17	11.87 V		1041.70	1258.64

Datum	Umlaufrendite	US-T-Bonds	Signal	Co-Index	Dow Jones
27.01.1984	8.16	11.73		1082.20	1230.00
24.02.1984	7.90 K	12.10 V	Warten	1033.90	1165.10
30.03.1984	7.89 K	12.52 V	Warten	1022.30	1164.90
27.04.1984	7.91	12.82 V		1032.80	1175.90
25.05.1984	8.08	13.72 V		1007.40	1107.10
29.06.1984	8.01	13.64		1008.20	1132.40
27.07.1984	8.05	12.91		936.20	1114.60
31.08.1984	7.69 K	12.51	Kaufen	993.90	1223.30

Die deutschen Zinsen drängten seit Ende Februar 1984 zum Wiedereinstieg, aber die US-Zinsen hielten dagegen. Bis Ende Juni oder besser noch Ende Juli war auch das Warten richtig. Das Kaufsignal Ende August kam dann schon etwas spät; für die folgende Riesenhausse war es jedoch immer noch zeitig genug.

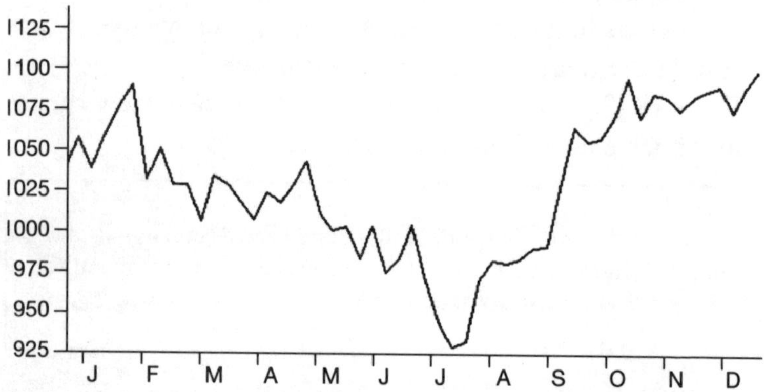

Diagramm 19: Commerzbank-Index Januar bis Dezember 1984

Im Test: der langjährige Anlageerfolg

Nun wird es Zeit für einen Überblick über die vergangenen 35 Jahre. Wie hätten wir abgeschnitten, wenn wir uns seit 1962 stets an unsere vorgegebenen Zinssignale gehalten hätten?

Um diesen zu ermitteln, vergleichen wir unsere Signalzeitpunkte mit dem Stand des Commerzbank-Index für deutsche Aktien und des Dow Jones-Index für US-Aktien. Ab 1997 wird statt des Commerzbank-Index der DAX angegeben. Bei „Zins D“ wurde von 1961 bis 1979 die Umlaufrendite aus Angaben von Tageszeitungen und Monatsdurchschnittszahlen der Deutschen Bundesbank zum Monatsende hochgerechnet. Bei den US-Renditen wurden bis Ende 1977 die 10jährigen Treasury Bonds zugrunde gelegt, da damals 30jährige Anleihen seltener emittiert wurden. Ab 30.12.77 ist die Rendite der 30jährigen T-Bonds angegeben. Signalveränderungen gab es deswegen nicht.

Wir beginnen absichtlich Ende 1961 zu einem Zeitpunkt, an dem die Wiederaufbauphase nach dem 2. Weltkrieg, in der die Aktien einen beispiellosen Höhenflug erlebten, vorläufig beendet war. Der Commerzbank-Index etwa war seit 1953 von 100 Punkten auf über 800 Punkte gestiegen.

Von nun an mußten die Aktionäre lernen, daß die Börse keine Einbahnstraße ist, sondern daß es auch bittere Rückschläge geben kann. Das ist eine Erkenntnis, die Mitte der 90er Jahre in den Vereinigten Staaten von Amerika offenbar wieder vergessen worden war. Das menschliche Gedächtnis ist bekanntlich sehr kurz.

Datum	Zins D	US-T-Bonds	Signal	Co-Index	Dow Jones
29.12.1961	5,95	4,06 V		807,27	731,1
26.01.1962	5,80	4,10 V		779,66	692,1
23.02.1962	5,65 K	4,02	Kaufen	772,3	709,5
30.03.1962	5,60	3,86 K		760,6	707,0
27.04.1962	5,70	3,86		735,6	672,2
25.05.1962	5,85	3,88		624,3	611,9
29.06.1962	5,90	4,00		581,8	561,3
27.07.1962	5,95 V	4,02		568,2	585,0
31.08.1962	6,00 V	3,96		589,2	609,2
28.09.1962	6,10 V	3,94		548,8	578,9

Datum	Zins D	US-T-Bonds	Signal	Co-Index	Dow Jones
26.10.1962	6,20 V	3,93		512,8	569,0
30.11.1962	6,15	3,92		634,0	649,3
28.12.1962	6,05	3,84 K		611,4	651,4
25.01.1963	6,00	3,85		590,9	679,7
22.02.1963	6,00	3,95		560,5	681,5
29.03.1963	6,00	3,95		578,9	682,5
26.04.1963	6,05	3,95		598,7	717,2
31.05.1963	6,10	3,96 V	Verkaufen	681,0	727,0
28.06.1963	6,10	4,00 V		658,1	706,9
26.07.1963	6,10	3,99		668,4	689,4
30.08.1963	6,10	4,02 V		700,9	729,3
27.09.1963	6,10	4,07 V		698,3	738,0
25.10.1963	6,05	4,12 V		669,4	755,6
29.11.1963	6,00 K	4,08	Kaufen	658,3	750,5
27.12.1963	5,95 K	4,15 V		684,4	763,0
31.01.1964	5,90 K	4,15		721,8	785,3
28.02.1964	5,95	4,18 V		737,4	800,1
27.03.1964	6,10	4,25 V		759,9	815,9
24.04.1964	6,25 V	4,23	Verkaufen	749,5	814,9
29.05.1964	6,30 V	4,19		711,3	820,6
26.06.1964	6,30	4,15		707,6	831,0
31.07.1964	6,30	4,19		727,7	841,1
28.08.1964	6,35 V	4,21		747,0	839,1
25.09.1964	6,40 V	4,19		737,5	874,7
30.10.1964	6,40	4,16		700,2	873,1
27.11.1964	6,40	4,19		699,9	882,1
31.12.1964	6,40	4,19		706,3	874,1
29.01.1965	6,45 V	4,19		715,7	902,9
26.02.1965	6,50 V	4,22 V		690,9	903,5
26.03.1965	6,55 V	4,20		665,5	891,7
30.04.1965	6,75 V	4,21		667,0	922,3
28.05.1965	7,00 V	4,23 V		669,5	918,0
25.06.1965	7,15 V	4,19		632,0	854,4
30.07.1965	7,25 V	4,22		652,8	881,7
27.08.1965	7,35 V	4,27 V		657,1	895,9
24.09.1965	7,45 V	4,31 V		659,3	929,5
29.10.1965	7,50 V	4,41 V		628,1	960,8
26.11.1965	7,60 V	4,45 V		613,8	948,2

Datum	Zins D	US-T-Bonds	Signal	Co-Index	Dow Jones
31.12.1965	7,65 V	4,65 V		607,5	969,3
28.01.1966	7,60	4,65		636,1	985,4
25.02.1966	7,65	4,97 V		653,3	953,0
25.03.1966	7,85 V	4,82		635,7	929,9
29.04.1966	8,10 V	4,79		598,5	933,7
27.05.1966	8,30 V	4,81		581,7	897
24.06.1966	8,50 V	4,80		532	897,2
29.07.1966	8,60 V	5,05 V		492,8	847,4
26.08.1966	8,55	5,48 V		516,9	780,6
30.09.1966	8,45	5,02		542,4	774,2
28.10.1966	8,30	4,97		505,8	808
25.11.1966	7,95 K	5,23	Kaufen	496,7	803,3
30.12.1966	7,60 K	4,64 K		495,9	785,7
27.01.1967	7,39 K	4,47 K		515,7	844
24.02.1967	7,28 K	4,73		547,7	847,3
31.03.1967	7,01 K	4,50		558,1	866
28.04.1967	6,96 K	4,78		529	897,1
26.05.1967	6,85 K	4,86		533,5	870,3
30.06.1967	6,93	5,22 V		514,5	860,3
28.07.1967	6,91	5,18		551,4	901,5
25.08.1967	6,91	5,32 V		605,7	894,1
29.09.1967	6,89	5,31		635,0	926,7
27.10.1967	6,94	5,57 V		653,4	888,2
24.11.1967	6,93	5,78 V		692,1	877,6
29.12.1967	6,90	5,70		713,6	905,1
26.01.1968	6,87 K	5,53		753,4	865,1
23.02.1968	6,88	5,56		743,4	849,8
29.03.1968	6,90	5,76		762,8	840,7
26.04.1968	6,78 K	5,71		792,4	906,0
31.05.1968	6,61 K	5,86 V		778,8	899,0
28.06.1968	6,63	5,64		833,3	897,8
26.07.1968	6,59 K	5,39 K		810,6	888,5
30.08.1968	6,50 K	5,42		836,6	896,0
27.09.1968	6,47 K	5,46		811,1	933,8
25.10.1968	6,50	5,60		826,5	961,3
29.11.1968	6,50	5,78		802,1	985,1
27.12.1968	6,50	6,20 V		796,3	952,5
31.01.1969	6,46 K	6,19		844,5	946,1

Datum	Zins D	US-T-Bonds	Signal	Co-Index	Dow Jones
28.02.1969	6,50	6,26 V		822,0	905,2
28.03.1969	6,63 V	6,30 V	Verkaufen	828,9	935,5
25.04.1969	6,71 V	6,15		817,9	924,0
30.05.1969	6,70	6,56 V		891,2	937,6
27.06.1969	6,94 V	6,66 V		836,5	869,8
25.07.1969	7,00 V	6,71 V		813,4	818,1
29.08.1969	7,00	6,83 V		870,4	836,7
26.09.1969	7,21 V	7,40 V		859,0	824,2
31.10.1969	7,17	6,94		877,5	856
28.11.1969	7,29 V	7,29		912,7	812,3
26.12.1969	7,38 V	7,87 V		857,3	797,7
30.01.1970	7,43 V	7,75		813,4	744,1
27.02.1970	7,48 V	6,90		792,2	777,6
27.03.1970	7,84 V	6,98		792,3	791,1
24.04.1970	7,80	7,72		780,6	747,3
29.05.1970	8,23 V	7,95 V		683,5	700,4
26.06.1970	8,41 V	7,78		656,8	687,8
31.07.1970	8,13	7,38		691,5	734,1
28.08.1970	8,05	7,49		694,9	765,8
25.09.1970	8,15	7,28		681,5	761,8
30.10.1970	8,23	7,33		666,3	755,6
27.11.1970	8,19	6,48 K	Kaufen	639,4	781,4
25.12.1970	7,78 K	6,53		624,5	828,4
29.01.1971	7,50 K	6,09 K		709,8	868,5
26.02.1971	7,62	6,14		739,4	878,8
26.03.1971	7,72	5,48 K		742,9	903,5
30.04.1971	7,73	6,08		691,6	941,8
28.05.1971	7,89	6,38		702,6	907,8
25.06.1971	8,10 V	6,62 V	Verkaufen	678,7	876,7
30.07.1971	8,23 V	6,85 V		706,9	858,4
27.08.1971	8,17	6,33		678,1	908,2
24.09.1971	8,07	6,16		626,4	889,3
29.10.1971	7,94	5,87 K	Kaufen	595,7	839,0
26.11.1971	7,92	5,94		599,9	816,6
31.12.1971	7,74 K	5,89		648,6	890,2
28.01.1972	7,46 K	6,08		677,0	906,4
25.02.1972	7,31 K	6,06		729,5	922,8
31.03.1972	7,53	6,12		763,0	940,7

Datum	Zins D	US-T-Bonds	Signal	Co-Index	Dow Jones
28.04.1972	7,85	6,14 V		742,6	954,2
26.05.1972	7,83	6,04		767,9	971,3
30.06.1972	7,95 V	6,15 V	Verkaufen	742,0	929,0
28.07.1972	7,98 V	6,12		779,0	926,7
25.08.1972	7,94	6,26 V		761,0	959,4
29.09.1972	7,95	6,54 V		744,5	953,3
27.10.1972	8,19 V	6,42		722,9	946,4
24.11.1972	8,43 V	6,27		750,2	1025,2
29.12.1972	8,53 V	6,41		723,8	1020,0
26.01.1973	8,62 V	6,53		776,1	1003,5
23.02.1973	8,57	6,61 V		740,0	959,9
30.03.1973	8,65 V	6,73 V		782,8	951,0
27.04.1973	8,90 V	6,69		746,6	922,2
25.05.1973	9,55 V	6,91 V		686,5	930,8
29.06.1973	9,76 V	6,94 V		656,4	891,7
27.07.1973	10,01 V	7,35 V		589,0	936,7
31.08.1973	9,51	7,25		617,2	887,6
28.09.1973	9,71	6,90		606,2	947,1
26.10.1973	9,51	6,72		657,2	987,1
30.11.1973	9,52	6,69 K	Kaufen	576,2	822,3
28.12.1973	9,60	6,88		573,9	848,0
25.01.1974	9,51	7,02		588,7	859,4
22.02.1974	10,15 V	6,97		568,9	855,9
29.03.1974	10,40 V	7,41 V	Verkaufen	566,5	846,7
26.04.1974	10,50 V	7,64 V		594,8	834,6
31.05.1974	10,65 V	7,52		574,4	802,2
28.06.1974	10,70 V	7,64		558,7	802,4
26.07.1974	10,70	7,79 V		540,0	784,6
30.08.1974	10,70	8,11 V		551,4	678,6
27.09.1974	10,70	7,94		536,5	621,9
25.10.1974	10,55	7,86		530,1	636,2
29.11.1974	10,10 K	7,64	Kaufen	561,3	618,7
27.12.1974	9,55 K	7,39 K		564,0	602,2
31.01.1975	9,05 K	7,53		614,8	703,7
28.02.1975	8,70 K	7,46		680,8	739,1
28.03.1975	8,65 K	8,08 V		689,6	770,3
25.04.1975	8,45 K	8,25 V		715,1	811,8
30.05.1975	8,25 K	8,04		655,3	832,3

Datum	Zins D	US-T-Bonds	Signal	Co-Index	Dow Jones
27.06.1975	8,20 K	7,95		657,1	873,1
25.07.1975	8,25	8,12		697,7	834,1
29.08.1975	8,30	8,22		676,0	835,3
26.09.1975	8,35	8,45 V		676,8	818,6
31.10.1975	8,40	7,91 K		727,5	836
28.11.1975	8,35	8,14		772,0	860,7
26.12.1975	8,20	7,75 K		780,0	859,8
30.01.1976	8,01 K	7,80		787,5	975,3
27.02.1976	7,69 K	7,77		85,0	972,6
26.03.1976	7,50 K	7,64 K		809,1	1003,5
30.04.1976	7,52	7,67		758,1	996,9
28.05.1976	7,86	7,96		752,1	975,2
25.06.1976	7,89	7,83		763,6	999,8
30.07.1976	8,07 V	7,86		741,5	984,7
27.08.1976	7,94	7,72		735,0	963,9
24.09.1976	7,75	7,58 K		749,6	1009,3
29.10.1976	7,60	7,42 K		699,7	964,9
26.11.1976	7,11 K	6,99 K		719,4	956,6
31.12.1976	7,15	6,81 K		727,4	1004,7
28.01.1977	7,01 K	7,40		735,1	957,5
25.02.1977	6,96 K	7,48		715,0	933,4
25.03.1977	6,74 K	7,48		729,3	928,9
29.04.1977	6,30 K	7,45		788,4	926,9
27.05.1977	6,25 K	7,38		771,7	898,8
24.06.1977	6,23 K	7,20		743,7	929,7
29.07.1977	6,03 K	7,42		757,3	890,1
26.08.1977	5,85 K	7,27		768,7	855,4
30.09.1977	5,83 K	7,41		767,8	847,1
28.10.1977	5,79 K	7,56 V		789,1	822,7
25.11.1977	5,76 K	7,52		796,8	844,4
30.12.1977	5,60 K	8,03 V		794,2	831,1
27.01.1978	5,50 K	8,21 V		802,40	764,12
24.02.1978	5,33 K	8,27 V		807,40	756,24
31.03.1978	5,17 K	8,33 V		793,80	757,36
28.04.1978	5,29	8,39 V		769,00	837,32
26.05.1978	5,49	8,50 V		768,40	831,69
30.06.1978	5,82 V	8,62 V	Verkaufen	791,80	818,95
28.07.1978	6,07 V	8,55		816,40	856,29

Datum	Zins D	US-T-Bonds	Signal	Co-Index	Dow Jones
25.08.1978	6,05	8,43		827,60	895,53
29.09.1978	6,00	8,61		848,40	865,82
27.10.1978	6,10 V	8,75 V		841,20	806,05
24.11.1978	6,25 V	8,79 V		825,20	810,12
29.12.1978	6,35 V	8,96 V		817,00	805,09
26.01.1979	6,51 V	8,82		821,90	859,75
23.02.1979	6,86 V	9,10 V		794,40	823,28
30.03.1979	6,99 V	9,02		787,00	862,18
27.04.1979	7,09 V	9,19 V		784,90	856,64
25.05.1979	7,79 V	9,03		750,70	836,37
29.06.1979	7,81 V	8,83		727,90	841,98
27.07.1979	7,65	9,01		753,90	839,76
31.08.1979	7,53	9,09		762,20	887,63
28.09.1979	7,50	9,25 V		760,80	878,58
26.10.1979	7,97 V	10,12 V		721,70	809,30
30.11.1979	7,98 V	10,09		729,00	822,35
28.12.1979	7,79	10,16 V		715,70	838,91
25.01.1980	8,14 V	11,00 V		705,80	876,11
29.02.1980	8,93 V	12,25 V		730,20	863,14
28.03.1980	9,84 V	12,35 V		667,60	777,65
25.04.1980	9,00	11,18		694,70	803,58
30.05.1980	8,35	10,37		709,60	850,85
27.06.1980	7,98	9,97 K	Kaufen	721,50	881,83
25.07.1980	7,79 K	10,33		739,00	918,09
29.08.1980	7,96	11,27		719,50	932,59
26.09.1980	8,27	11,81		722,10	940,10
31.10.1980	8,58	12,23 V		698,60	924,49
28.11.1980	8,69 V	12,32 V	Verkaufen	706,60	993,34
26.12.1980	9,05 V	11,84		682,80	966,38
30.01.1981	9,24 V	12,28		670,10	947,27
27.02.1981	10,52 V	12,97 V		666,70	974,58
27.03.1981	10,11	12,93		684,30	994,78
24.04.1981	10,24	13,35 V		725,60	1020,35
29.05.1981	11,22 V	13,066		96,10	991,75
26.06.1981	10,84	13,14		732,90	992,87
31.07.1981	11,08	13,96 V		739,40	952,34
28.08.1981	11,39 V	14,49 V		714,30	892,22
25.09.1981	10,85	15,08 V		682,40	824,01

Datum	Zins D	US-T-Bonds	Signal	Co-Index	Dow Jones
30.10.1981	10,40	14,36		674,00	852,55
27.11.1981	9,74 K	12,76 K	Kaufen	691,50	885,94
25.12.1981	9,83	13,76		678,40	873,58
29.01.1982	9,81	13,91		690,40	871,10
26.02.1982	9,73 K	13,83		699,10	824,39
26.03.1982	9,25 K	13,65		718,00	817,92
30.04.1982	8,74 K	13,39		715,40	848,36
28.05.1982	8,80	13,39		703,40	819,54
25.06.1982	9,42	14,24 V		677,10	803,08
30.07.1982	9,18	13,42		680,70	808,60
27.08.1982	8,76	12,54 K		678,80	883,47
24.09.1982	8,49 K	11,88 K		710,10	919,52
29.10.1982	8,11 K	11,01 K		700,80	991,72
26.11.1982	8,13	10,47 K		718,90	1007,36
31.12.1982	7,75 K	10,43 K		763,40	1046,50
28.01.1983	7,68 K	10,90		744,00	1064,75
25.02.1983	7,55 K	10,50		812,80	1120,94
25.03.1983	7,31 K	10,70		901,70	1140,09
29.04.1983	7,51	10,38 K		960,80	1226,20
27.05.1983	7,84	10,78		922,70	1216,14
24.06.1983	7,99 V	11,06 V	Verkaufen	946,20	1241,69
29.07.1983	8,15 V	11,80 V		972,90	1199,22
26.08.1983	8,26 V	11,60		927,50	1192,07
30.09.1983	8,23	11,44		939,10	1233,13
28.10.1983	8,05	11,74		1006,90	1223,48
25.11.1983	8,11	11,63		1025,20	1277,44
30.12.1983	8,17	11,87 V		1041,70	1258,64
27.01.1984	8,16	11,73		1082,20	1230,00
24.02.1984	7,90 K	12,10 V		1033,90	1165,10
30.03.1984	7,89 K	12,52 V		1022,30	1164,90
27.04.1984	7,91	12,82 V		1032,80	1175,90
25.05.1984	8,08	13,72 V		1007,40	1107,10
29.06.1984	8,01	13,64		1008,20	1132,40
27.07.1984	8,05	12,91		936,20	1114,60
31.08.1984	7,69 K	12,51	Kaufen	993,90	1223,30
28.09.1984	7,54 K	12,28 K		1059,00	1206,70
26.10.1984	7,30 K	11,78 K		1073,60	1204,95
30.11.1984	7,00 K	11,58 K		1089,90	1188,90

Datum	Zins D	US-T-Bonds	Signal	Co-Index	Dow Jones
28.12.1984	6,96 K	11,49 K		1103,30	1204,00
25.01.1985	7,19	11,21 K		1139,30	1276,00
22.02.1985	7,59	11,71		1176,30	1276,00
29.03.1985	7,36	11,64		1180,90	1267,00
26.04.1985	7,19	11,42		1235,70	1278,50
31.05.1985	6,98	10,58 K		1345,70	1315,40
28.06.1985	6,84 K	10,47 K		1425,50	1335,50
26.07.1985	6,57 K	10,72		1379,20	1357,10
30.08.1985	6,25 K	10,48		1472,80	1334,00
27.09.1985	6,22 K	10,50		1540,90	1320,80
25.10.1985	6,68	10,47		1705,20	1356,50
29.11.1985	6,48	9,86 K		1725,60	1472,10
27.12.1985	6,32	9,27 K		1937,10	1543,00
31.01.1986	6,26	9,34		1950,40	1571,00
28.02.1986	5,89 K	8,27 K		1913,70	1709,10
28.03.1986	5,65 K	7,63 K		2085,50	1821,70
25.04.1986	5,46 K	7,61 K		2192,00	1835,60
30.05.1986	5,90	7,74		1970,00	1876,70
27.06.1986	5,84	7,29 K		1952,00	1885,30
25.07.1986	5,74	7,40		1853,00	1810,00
29.08.1986	5,56	7,21 K		2096,00	1898,30
26.09.1986	5,79	7,63		1985,00	1769,70
31.10.1986	6,05 V	7,61		1997,00	1877,80
28.11.1986	5,87	7,41		2069,00	1914,20
26.12.1986	5,87	7,34		2043,60	1930,40
30.01.1987	5,66	7,48		1808,20	2158,00
27.02.1987	5,66	7,48		1711,70	2224,00
27.03.1987	5,43 K	7,64 V	Verkaufen	1779,40	2335,80
24.04.1987	5,38 K	8,69 V		1803,70	2235,40
29.05.1987	5,32 K	8,65	Kaufen	1759,60	2291,60
26.06.1987	5,65	8,50		1891,60	2436,90
31.07.1987	5,86 V	8,89 V	Verkaufen	1987,00	2572,00
28.08.1987	6,02 V	9,18 V		2013,50	2639,40
25.09.1987	6,26 V	9,68 V		1959,20	2570,20
30.10.1987	6,11	9,03		1526,00	1993,50
27.11.1987	5,88	9,18		1359,60	1910,50
25.12.1987	5,92	8,90		1349,60	1999,70
29.01.1988	5,86	8,42 K	Kaufen	1207,90	1958,20

Datum	Zins D	US-T-Bonds	Signal	Co-Index	Dow Jones
26.02.1988	5,66 K	8,42		1391,50	2023,20
25.03.1988	5,65 K	8,72		1379,90	1979,00
29.04.1988	5,94	9,11		1356,20	2032,30
27.05.1988	6,11 V	9,33 V	Verkaufen	1352,60	1956,40
24.06.1988	6,20 V	8,87		1430,80	2143,00
29.07.1988	6,52 V	9,23		1477,90	2128,70
26.08.1988	6,57 V	9,43 V		1456,10	2017,40
30.09.1988	6,27	8,98		1571,10	2112,90
28.10.1988	5,97	8,80 K	Kaufen	1637,00	2149,90
25.11.1988	6,08	9,18		1588,40	2074,70
30.12.1988	6,35	9,00		1651,90	2168,60
27.01.1989	6,56	8,76 K		1686,40	2322,90
24.02.1989	7,06 V	9,18		1614,50	2245,50
31.03.1989	6,97	9,11		1646,90	2294,20
28.04.1989	6,89	8,91		716,10	2418,60
26.05.1989	7,12 V	8,63 K		1708,40	2493,80
30.06.1989	6,90	8,05 K		1825,00	2440,10
28.07.1989	6,75	7,99 K		1912,00	2635,20
25.08.1989	6,90	8,18		1982,60	2732,40
29.09.1989	7,19 V	8,24		1976,50	2692,80
27.10.1989	7,28 V	7,94		1838,20	2596,70
24.11.1989	7,58 V	7,87 K		1932,80	2675,50
29.12.1989	7,60 V	7,98		2190,20	2753,20
26.01.1990	8,04 V	8,53 V	Verkaufen	2209,00	2559,00
23.02.1990	8,98 V	8,58 V		2192,00	2564,00
30.03.1990	8,73	8,65 V		2410,00	2707,00
27.04.1990	8,99 V	9,05 V		2229,00	2645,00
25.05.1990	8,98	8,70		2243,00	2821,00
29.06.1990	8,86	8,44		2297,00	2881,00
27.07.1990	8,66	8,47		2352,00	2899,00
31.08.1990	9,07 V	9,00		1988,00	2614,00
28.09.1990	9,21 V	9,04		1629,00	2452,00
26.10.1990	9,05	8,76		1796,00	2436,00
30.11.1990	9,01	8,40 K	Kaufen	1768,00	2560,00
28.12.1990	9,09	8,30 K		1701,00	2629,00
25.01.1991	8,94	8,23 K		1675,00	2659,00
22.02.1991	8,52 K	8,06 K		1901,00	2889,00
29.03.1991	8,64	8,24		1834,00	2914,00

Datum	Zins D	US-T-Bonds	Signal	Co-Index	Dow Jones
26.04.1991	8,56	8,21		1882,00	2912,00
31.05.1991	8,42 K	8,27		2035,00	3028,00
28.06.1991	8,66	8,41 V		1923,00	2907,00
26.07.1991	8,88	8,39		1895,00	2973,00
30.08.1991	8,65	8,06		1929,00	3044,00
27.09.1991	8,66	7,82 K		1867,00	3006,00
25.10.1991	8,59	8,05		1826,00	3005,00
29.11.1991	8,60	7,93		1815,00	2895,00
27.12.1991	8,43 K	7,52 K		1795,00	3102,00
31.01.1992	8,05 K	7,76		1934,00	3223,00
28.02.1992	8,04 K	7,80		2011,00	3268,00
27.03.1992	8,28	7,94		1969,00	3231,00
24.04.1992	8,23	8,06 V		2004,00	3324,00
29.05.1992	8,23	7,84		2036,00	3397,00
26.06.1992	8,35	7,78		1967,00	3282,00
31.07.1992	8,45 V	7,46 K	Verkaufen	1799,00	3394,00
28.08.1992	8,34	7,43 K	Kaufen	1676,00	3268,00
25.09.1992	7,77 K	7,36 K		1685,00	3250,00
30.10.1992	7,36 K	7,63		1670,00	3226,00
27.11.1992	7,27 K	7,60		1695,00	3282,00
25.12.1992	7,14 K	7,36		1692,00	3326,00
29.01.1993	6,97 K	7,20 K		1744,00	3310,00
26.02.1993	6,51 K	6,90 K		1866,00	3371,00
26.03.1993	6,49 K	6,90		1854,00	3440,00
30.04.1993	6,63	6,911		823,00	3428,00
28.05.1993	6,66	6,98		1821,00	3527,00
25.06.1993	6,55	6,74 K		1872,00	3491,00
30.07.1993	6,35 K	6,57 K		1997,00	3540,00
27.08.1993	6,11 K	6,13 K		2091,00	3641,00
24.09.1993	6,04 K	6,06 K		2075,00	3543,00
29.10.1993	5,69 K	5,97 K		2276,00	3681,00
26.11.1993	5,57 K	6,25		2254,00	3684,00
31.12.1993	5,41 K	6,30		2431,00	3754,00
28.01.1994	5,55	6,28		2341,00	3945,00
25.02.1994	6,10	6,72 V		2280,00	3839,00
25.03.1994	6,28 V	6,99 V	Verkaufen	2335,00	3775,00
29.04.1994	6,49 V	7,31 V		2438,00	3682,00
27.05.1994	6,58 V	7,39 V		2324,00	3757,00
24.06.1994	6,92 V	7,52 V		2172,00	3637,00

Datum	Zins D	US-T-Bonds	Signal	Co-Index	Dow Jones
29.07.1994	6,75	7,39		2307,00	3765,00
26.08.1994	7,08 V	7,49		2314,00	3881,00
30.09.1994	7,39 V	7,82 V		2177,20	3843,20
28.10.1994	7,47 V	7,96 V		2188,10	3930,70
25.11.1994	7,20	7,93		2200,50	3708,27
30.12.1994	7,55 V	7,88		2241,10	3834,44
27.01.1995	7,30	7,73		2156,70	3858,00
24.02.1995	7,23	7,52		2241,80	4011,74
31.03.1995	6,86 K	7,43 K	Kaufen	2039,30	4157,69
28.04.1995	6,69 K	7,35 K		2141,30	4321,27
26.05.1995	6,33 K	6,76 K		2189,30	4369,00
30.06.1995	6,68	6,62 K		2205,20	4556,10
28.07.1995	6,42	6,90		2345,70	4715,51
25.08.1995	6,31 K	6,71		2365,30	4601,40
29.09.1995	6,22 K	6,48 K		2308,80	4789,08
27.10.1995	6,04 K	6,35 K		2213,40	4730,55
24.11.1995	5,69 K	6,25 K		2280,00	5048,84
29.12.1995	5,48 K	5,95 K		2358,90	5117,12
26.01.1996	5,32 K	6,04		2520,20	5271,80
23.02.1996	5,77	6,41		2523,00	5630,49
29.03.1996	5,87	6,67 V		2550,70	5587,14
26.04.1996	5,69	6,79 V		2583,30	5567,99
31.05.1996	5,80	6,79		2574,10	5643,17
28.06.1996	6,00 V	6,90 V	Verkaufen	2613,50	5654,63
26.07.1996	5,82	7,02		2525,10	5473,06
30.08.1996	5,72	7,12 V		2598,30	5616,21
27.09.1996	5,43 K	6,91	Kaufen	2709,70	5872,92
25.10.1996	5,38 K	6,82		2721,50	6007,02
29.11.1996	5,10 K	6,36 K		2875,20	6521,70
27.12.1996	5,17	6,54		2882,80	6560,91
			(DAX:	2852,88)	
		Umstellung auf DAX			
31.01.1997	5,03 K	6,79		3035,15	6813,09
28.02.1997	4,83 K	6,80		3259,64	6877,74
27.03.1997	5,18	7,09 V		3429,05	6740,59
25.04.1997	5,15	7,14 V		3374,10	6738,87
30.05.1997	5,18	6,91		3562,73	7331,04
27.06.1997	4,91	6,74		3809,92	7687,72
25.07.1997	4,94	6,45 K		4368,54	8113,44
29.08.1997	5,09	6,61		3919,79	7622,42

Datum	Zins D	US-T-Bonds	Signal	DAX	Dow Jones
26.09.1997	5,07	6,37		4135,09	7922,18
31.10.1997	5,24	6,15 K		3753,66	7442,08
28.11.1997	5,18	6,06 K		3972,08	7823,13
23.12.1997	4,92	5,90 K		4121,79	7679,31
30.01.1998	4,72 K	5,81 K		4442,53	7906,50
27.02.1998	4,63 K	5,93		4693,86	8545,72
27.03.1998	4,65	5,96		5066,90	8796,08
24.04.1998	4,73	5,94		5144,42	9064,62
29.05.1998	4,67	5,80 K		5556,99	8899,95
26.06.1998	4,58 K	5,63 K		5870,49	8944,54
31.07.1998	4,49 K	5,73		5900,18	8883,29
28.08.1998	4,02 K	5,34 K		4993,54	8051,68
25.09.1998	3,90 K	5,12 K		4584,41	8028,77
30.10.1998	3,98	5,15		4690,99	8592,10
27.11.1998	3,82K	5,16		5159,21	9333,08
23.12.1998	3,74 K	5,22		4978,62	9217,99
29.01,1999	3,48 K	5,09 K		5180,29	9358,83
26.02.1999	3,81	5,58 V		4903,96	9306,58
26.03,1999	3,77	5,59 V		4799,59	9822,24
30.04,1999	3,51	5,66 V		5360,44	10789,04
28.05.1999	3,72	5,85 V		5070,98	10559,74
25.06.1999	4,31 V	6,14 V	Verkaufen	5301,21	10552,56
30.07.1999	4,49 V	6,09		5101,87	10655,15
27.08.1999	4,55 V	5,98		5420,36	11090,17

Wie hätten wir nun 1962 bis 1999 im Vergleich zu den Aktienindices abgeschnitten?

In der folgenden Tabelle sehen Sie die Entwicklung der Indices in dem betreffenden Jahr, immer gemessen am letzten Freitag vor Jahresabschluß. Zum Vergleich dann unser Anlageerfolg im selben Jahr nach der Monats-Schluß-Methode (MSM).

In der Mitte wird vermerkt, wieviel Monate in diesem Jahr wir keine Aktien gehabt und damit das Kapital durch Festgelder verzinslich angelegt hätten. Für die Ermittlung der

Jahr	Co-Index	MSM	Ohne Aktien (Monate)	Dow Jones	MSM
1962	-32,03 %	-26,31 %	2	-12,23 %	-8,92 %
1963	+11,94 %	+15,34 %	6	+17,13 %	+13,28 %
1964	+3,20 %	+9,51 %	8	+14,56 %	+6,80 %
1965	-16,27 %	+-0,0 %	12	+10,89 %	+-0,0 %
1966	-22,50 %	-0,16 %	11	-23,37 %	-2,24 %
1967	+43,90 %	+43,90%	0	+15,20 %	+15,20 %
1968	+11,59 %	+11,59 %	0	+5,24 %	+5,24%
1969	+7,66%	+4,09%	9	-19,40%	-1,81%
1970	-37,29%	-2,39%	11	+1,98%	+6,01%
1971	+3,86%	+17,56%	4	+7,46%	+11,93%
1972	+11,59%	+14,40%	6	+14,58%	+4,36%
1973	-26,12%	-0,40%	11	-20,28%	+3,13%
1974	-1,76%	-0,82%	8	-40,83%	-2,90%
1975	+38,30%	+38,30%	0	+42,78%	+42,78%
1976	-7,28%	-7,28%	0	+16,85%	+16,85%
1977	+9,24%	+9,24%	0	-20,88%	-20,88%
1978	+2,87%	-0,30%	6	-3,24%	-1,49%
1979	-14,16%	+-0,00%	12	+4,20%	+-0,00%
1980	-4,82%	-2,11%	7	+15,19%	+12,65%
1981	-0,64%	-1,93%	11	-10,62%	-1,42%
1982	+12,53%	+12,53%	0	+19,79%	+19,79%
1983	+36,45%	+23,95%	6	+20,27%	+18,65%
1984	+5,91%	+11,01%	8	-4,54%	-1,61%
1985	+75,57%	+75,57%	0	+28,16%	+28,16%
1986	+5,50%	+5,50%	0	+25,11%	+25,11%
1987	-51,42%	-0,01%	7	+3,59%	+33,24%
1988	+22,40%	+21,46%	6	+8,45%	+3,89%
1989	+32,59%	+32,59%	0	+26,96%	+26,96%
1990	-28,77%	+0,86%	10	-4,72%	-4,55%
1991	+5,53%	+5,53%	0	+17,99%	+17,99%
1992	-6,09%	+1,17%	1	+7,22%	+11,18%
1993	+43,68%	+43,68%	0	+12,87%	+12,87%
1994	-8,47%	-4,11%	9	+2,14%	+0,56%
1995	+5,26%	+15,67%	3	+33,45%	+23,08%
1996	+22,21%	+17,18%	3	+28,21%	+22,21%
1997	+36,69%	+36,69%	0	+17,05%	+17,05%
1998	+16,07%	+16,07%	0	+20,04%	+20,04%
Ø	+5,59%	+11,83%	4,70	+7,49%	+10,08%

Durchschnitte mußten die *Abwärtsbewegungen* stärker gewichtet werden. Denn ein Kursverlust von beispielsweise 50 % entspricht in seinem Ausmaß exakt einem darauffolgenden Kursgewinn von 100 %. Nehmen wir zum Beispiel an, daß ein Index von 1000 auf 500 Punkte fällt und im folgenden Jahr wieder auf 1000 Punkte steigt. Dann kann man nicht so rechnen: 50 % Verlust, 100 % Gewinn, also im Durchschnitt 25 % Gewinn.

Vielmehr muß beim Kurs*verlust* derselbe Wert wie für einen entsprechenden Kurs*gewinn* eingesetzt werden. Eine Index-Halbierung beispielsweise bedeutet daher für eine spätere Durchschnittsberechnung nicht 50 % Verlust, sondern 100 %. In entsprechender Weise wurden die Prozentzahlen der Verlustjahre berechnet. Verfährt man anders, dann betrügt man sich selbst und rechnet sich allmählich reich.

Dividendenausschüttungen wurden bei der Rendite nicht berücksichtigt, da sie auch in den Indices nicht enthalten sind.

Beim Ergebnis des Dow Jones-Index ist noch zu beachten, daß bei einem echten Vergleich mit dem Commerzbank-Index die Devisenkursverluste berücksichtigt werden müßten. Immerhin stand der US-Dollar bis Oktober 1969 noch bei 4 DM.

Der Erfolg unserer Methode kann sich also sehen lassen. Mit einem Minimum an Aufwand erzielten wir ausgezeichnete Renditen und schlugen die Indices um Längen. Dabei haben wir die Monate noch gar nicht berücksichtigt, in denen wir in sicherem und zum Teil sehr hochverzinslichem Festgeld engagiert waren. Es handelt sich immerhin um rund 40 % des gesamten Zeitraums.

Mit einer guten Durchschnittsrendite allein ist es jedoch noch nicht getan. Was dem Anleger seit 1987 immer wieder Kummer bereitet hat, waren die scharfen Börsencrashs. Die meisten schweren Kurseinbrüche der letzten 40 Jahre sind mit dieser Methode vermieden worden.

Im Grunde weisen lediglich die Entwicklungen in den Jahren 1962 und 1998 Unregelmäßigkeiten auf. Trotz klarer Kaufsignale der Anleihezinsen sowohl in Deutschland (Ende Februar) als auch in den USA (Ende März) brachen die Aktienmärkte im Laufe des Jahres bis zur Kuba-Krise im Oktober 1962 um 34 % (Deutschland) bzw. 20 % (USA) ein. Bis Ende April 1964 waren diese Verluste dann großenteils aufgeholt.

Eine zweite schwere Enttäuschung hätte die Methode dem bereitet, der im Vertrauen auf die immer noch sinkenden Zinsen im Juli 1998 Aktien gekauft hätte. Denn im August und September 1998 brach aufgrund vermuteter Zahlungsunfähigkeit Russlands sowie verschiedener asiatischer und lateinamerikanischer Staaten und vermuteter Schieflagen von Kreditinstituten Panik an den Weltbörsen aus. „Rette sich, wer kann“, hieß die Parole, und man flüchtete sich aus Aktien in Anleihen – es gab beim DAX und anderen Aktienindices Verluste um rund 40 Prozent.

Wer sich jedoch nicht beirren ließ und konsequent seine Aktien hielt, hatte sehr schnell seine Kursverluste wieder aufgeholt – bei US-Aktien war dies schon nach zwei Monaten, im November 1998, der Fall. In Europa, besonders in der Schweiz und Deutschland, dauerte die Erholung etwas länger.

Freilich ist dies für den Käufer vom Juli 1998 wenig tröstlich, denn außer dem Schock über die anfänglich heftigen Verluste hätte er ja sehr viel günstiger zu einem späteren Zeitpunkt kaufen können. Man sieht also, daß auch die MSM-Methode nicht absolut unfehlbar ist.

Aber man muß gerechtigkeitshalber auch erwähnen, daß das Kaufsignal in diesem Zyklus eben nicht im Juli 1998, sondern am 27. September 1996 gekommen war. Wer später noch zu über 100 Prozent höheren Kursen einsteigt, darf nicht erwarten, daß die Methode dann noch ebenso gut funktioniert. Wie sich schon 1962 zeigte, sind nach einem zu euphorischen Anstieg die Börsen einfach für Korrekturen anfällig, die, wenn sie mit politischen Unsicherheiten einhergehen, auch sehr kräftig ausfallen können. Wenn die Angst zu groß wird, daß sämtliche Kursgewinne der vorhergehenden zwei Jahre wieder rückgängig gemacht werden könnten, dann setzen sich die Verkäufe oft länger fort als erwartet, selbst wenn die Zinsen bereits kräftig sinken. *Langfristig* haben aber die sinkenden Zinsen auf die Aktienmärkte stets noch positiv durchgeschlagen, auch da, wo sie zunächst für Einsteiger am Gipfel Verluste brachten.

Die Verluste 1998 wären wohl nicht so hart gewesen, wenn die Aktienmärkte in den Jahren 1997 und 1998 nicht so stark nach oben übertrieben hätten.

Regel: Sind die Aktienmärkte international nach einem Kaufsignal schon um fünfzig Prozent und mehr gestiegen, sollte man den gestiegenen Kursen nicht hinterherrennen, sondern auch bei sinkenden Zinsen zunächst eine schärfere Korrektur nach unten abwarten, ehe man neu einsteigt.

Außerdem mag man bedauern, daß der „Minicrash" im Oktober 1989, der „Gorbatschow-Crash" im August 1991 und der „Hongkong-Crash" vom 27./28. Oktober 1997 nicht angezeigt wurden. Man hätte vorher aussteigen und einen Tag später viel niedriger jeweils wieder einsteigen können. Aber damit wäre die MSM-Methode überfordert, wollte sie auch noch kurzfristige politisch begründete Schwankungen rechtzeitig signalisieren. Immerhin hatte MSM jedesmal gegen diese Crashs recht behalten. Auf längere Sicht war es in diesen Fällen tatsächlich besser, noch in Aktien engagiert zu bleiben und erst später auszusteigen, wenn es auch die MSM-Methode für angezeigt hielt.

Schweiz und Österreich

Was jetzt noch fehlt, ist der Nachweis, daß MSM *weltweit* gültige Signale liefert, daß wir also auch in anderen Ländern damit Erfolge erzielen und die Indices schlagen.

Vor allem unsere Leser in der Schweiz und Österreich werden neugierig sein, ob zwei Zinssignale aus den USA und Deutschland wirklich auch für die Aktien *ihrer* Länder gute Kauf- und Verkaufzeitpunkte ermittelt hätten.

Beginnend mit dem Jahr 1984 nehmen wir nun die entsprechende Überprüfung vor. Die zugrundeliegenden Indices waren für die Schweiz bis 1993 der Index der Schweizerischen Kreditanstalt, danach der SMI. Für die Beobachtung österreichischer Aktien arbeitete ich bis 1995 mit dem CA-Index, danach mit dem ATX.

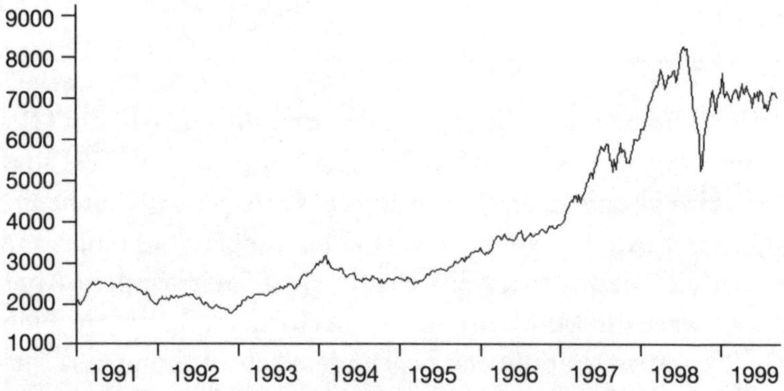

Diagramm 20: Entwicklung des Schweizer SMI-Index 1991 bis 1999

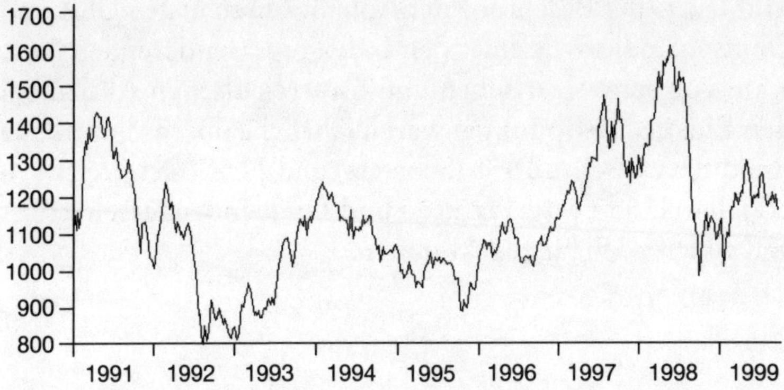

Diagramm 21: Entwicklung des österreichischen ATX-Index 1991 bis 1999

Jahr	Schweiz	MSM	Ohne Aktien (Monate)	Österreich	MSM
1984	+1,05%	+4,26%	8	+5,34%	+11,46%
1985	+54,92%	+54,92%	0	+98,99%	+98,99%
1986	+11,31%	+11,31%	0	-1,77%	-1,77%
1987	-27,89%	+9,47%	7	-28,47%	+2,71%
1988	+21,47%	+11,34%	6	+21,43%	+4,63%
1989	+18,14%	+18,14%	0	+124,76%	+124,76%
1990	-33,49%	-3,72%	10	-12,06%	+10,02%
1991	-3,10%	-3,10%	0	-16,83%	-16,83%
1992	-5,56%	+1,13%	1	-20,80%	-11,55%
1993	+53,82%	+53,82%	0	+37,77%	+37,77%
1994	-11,24%	-4,45%	9	-8,72%	+2,02%
1995	+24,03%	+31,50%	3	-11,69%	+0,45%
1996	+18,93%	+19,29%	3	+19,07%	+23,02%
1997 Sep	+45,75%	+45,75%	0	+23,67%	+23,67%
Ø	+12,01%	+18,27%	2,43	+16,48%	+22,10%

Es erscheint nahezu unglaublich, welche Erfolge wir in den letzten zwölf Jahren auch für die Schweiz und Österreich erzielt hätten, ohne uns um die Unternehmens- und Wirtschaftsdaten dieser Länder kümmern zu müssen. Allein mit

MSM, also der Beachtung der Anleihezinsen in den USA und Deutschland, sowie einer den Index repräsentierenden Auswahl von schweizerischen und österreichischen Aktien bei den Einstiegszeitpunkten waren jährliche durchschnittliche Renditen zwischen 16 % (Schweiz) und 22 % (Österreich) zu erzielen. Und Festgeldzinsen und Dividendenausschüttungen wären noch hinzugekommen.

Japan und Hongkong

Wenn eine Methode den Anspruch erhebt, daß sie *weltweit* gilt, muß sie sich auch an der Aktienindexentwicklung in Japan und Hongkong messen lassen. Im Falle Japans ist das nicht unproblematisch, nachdem hier die Kurse bekanntlich zwischen 1985 und 1989 durch große Finanzinstitute nach oben manipuliert waren und sich nach einem kräftigen Rückschlag 1990 schwer taten, mit der internationalen Entwicklung mitzuziehen. Denn das Vertrauen war dahin.

Die Börse Hongkongs litt 1989 unter der blutigen Unter-

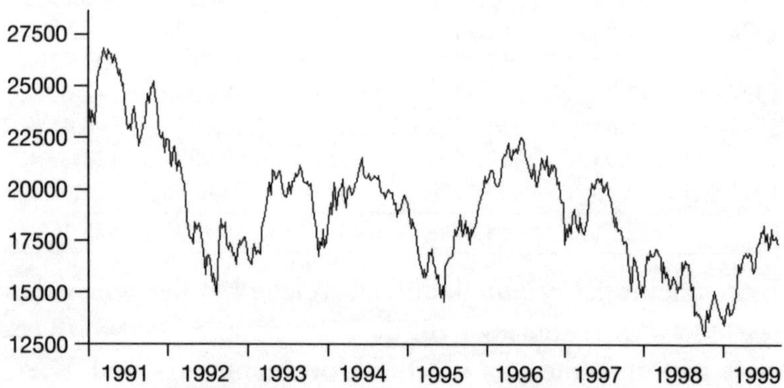

Diagramm 22: Entwicklung des japanischen Nikkei-Index 1991 bis 1999

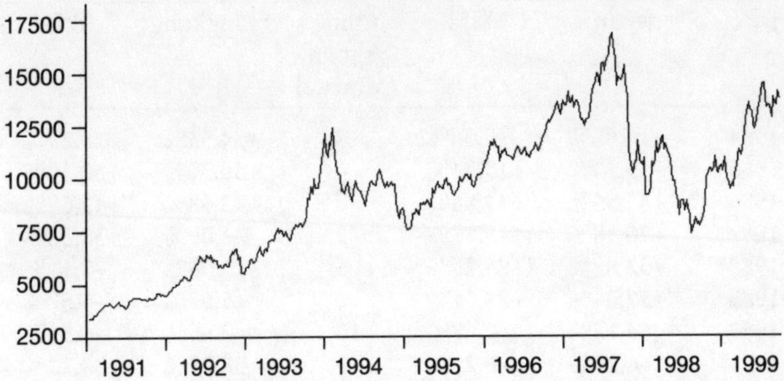

Diagramm 23: Entwicklung des Hang-Seng-Index Hongkonggs 1991 bis 1999

drückung der Menschenrechte in China, konnte diese Verluste in den folgenden Jahren jedoch mehr als ausgleichen. Es zeigt sich immer wieder, daß rein politisch bedingte Tiefkurse Kaufkurse sind.

Um so interessanter ist, wie MSM mit den Ausnahmesituationen in beiden Ländern fertig wurde.

Die Entwicklung der japanischen Börse wurde am Nikkei-Index gemessen, in Hongkong wurde der Hang-Seng-Index beobachtet.

Die Manipulationen in Japan und die politische Börse Hongkongs konnten offenbar den Erfolg von MSM nicht mindern. MSM macht vor allem in Baisse-Jahren gegenüber den Indices Boden gut. Die Verkaufsignale kamen so rechtzeitig, daß größere Einbrüche vermieden wurden. Bei ganz starken Hausse-Bewegungen mit Kursgewinnen über 100 % (Österreich 1989, Hongkong 1993) war MSM dabei.

Jahr	Japan	MSM	Ohne Aktien (Monate)	Hongkong	MSM
1984	+16,67%	+9,06%	8	+34,53%	+25,29%
1985	+13,34%	+13,34%	0	+50,30%	+50,30%
1986	+43,86%	+43,86%	0	+42,68%	+42,68%
1987	+20,58%	+15,87%	7	-6,09%	+30,28%
1988	+32,89%	+24,25%	6	+12,96%	+7,11%
1989	+29,04%	+29,04%	0	+5,57%	+5,57%
1990	-63,18%	+0,67%	10	+7,65%	+0,54%
1991	-6,29%	-6,29%	0	+38,70%	+38,70%
1992	-27,13%	-42,84%	1	+28,47%	+35,18%
1993	-1,33%	-1,33%	0	+118,45%	+118,45%
1994	+13,24%	+13,89%	9	-45,13%	-28,74%
1995	+0,74%	+23,10%	3	+22,98%	+17,30%
1996	-2,58%	+2,16%	3	+33,06%	+23,39%
1997 Sep	-7,64%	-7,64%	0	+9,75%	+9,75%
Ø	+4,45%	+8,37%	2,43	+25,28%	+26,85%

England und Frankreich

Zu guter Letzt blicken wir noch auf zwei weitere wichtige europäische Länder. Bewährten sich die Zinssignale der USA und Deutschlands auch für britische und französische Aktien?

Für England nahm ich bis 1994 den Financial Times-Ordinary Index als Maßstab, seit 1995 den FT 100-Index. In Frankreich beachtete ich bis 1993 den CAC-Index, seit 1994 den CAC 40-Index.

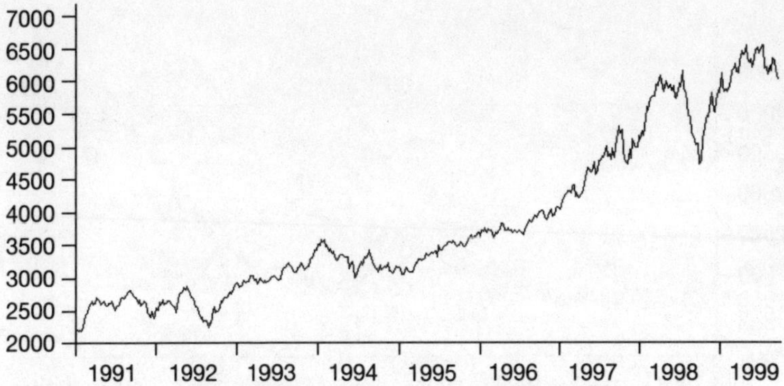

Diagramm 24: Englands Financial Times 100-Index 1991 bis 1999

Jahr	England	MSM	Ohne Aktien (Monate)	Frankreich	MSM
1984	+21,87%	+10,86%	8	+21,00%	+8,42%
1985	+18,81%	+18,81%	0	+54,20%	+54,20%
1986	+15,30%	+15,30%	0	+56,43%	+56,43%
1987	+10,64%	+33,39%	7	-40,57%	+11,57%
1988	+1,60%	-4,05%	6	+43,49%	+34,94%
1989	+31,65%	+31,65%	0	+33,27%	+33,27%
1990	-13,71%	-3,35%	10	-34,15%	-9,85%
1991	+9,32%	+9,32%	0	+13,89%	+13,89%
1992	+17,57%	+26,78%	1	+1,63%	+7,03%
1993	+18,19%	+18,19%	0	+29,67%	+29,67%
1994	-8,44%	-3,50%	9	-20,57%	-6,13%
1995	+15,75%	+13,51%	3	-0,48%	+0,70%
1996	+10,53%	+3,91%	3	+23,24%	+22,93%
1997 Sep	+28,17%	+28,17%	0	+29,42%	+29,42%
Ø	+12,66%	+14,21%	2,43	+15,03%	+20,46%

Untersuchungen der Börsen in Italien, Spanien, Schweden, Norwegen, Finnland und Singapur hätten im wesentlichen zu demselben Ergebnis geführt: MSM ist nicht zu schlagen. Um aber den Leser nicht zu ermüden, wollen wir hiermit die Liste der Beispiele der letzten vierzehn Jahre beschließen.

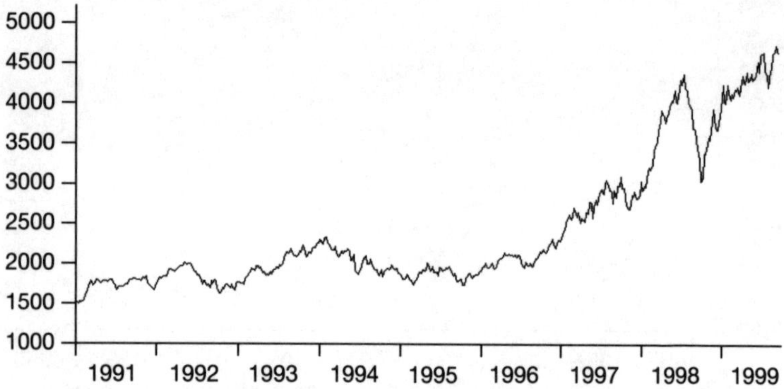

Diagramm 25: Frankreichs CAC 40-Index 1991 bis 1999

5. Kapitel
Die Auswahl der Aktien

Wie Sie bereits feststellen konnten, nimmt die Besprechung des allgemeinen Börsenumfelds, etwa im Hinblick auf Zinstrends, in meinen Analysen breiten Raum ein. Manche Anleger verwundert das. Hängt die Aktienkursentwicklung denn etwa nicht von den Berichten und künftigen Marktchancen der *Unternehmen* ab?

Ich vernachlässige solche betriebswirtschaftlichen Analysen ganz bewußt. Entnehmen Sie sie lieber Ihrer Zeitung oder den Informationsschriften Ihrer Bank.

Leser meiner früheren Bücher wissen, daß es an der Börse sehr wenig darauf ankommt, wie ein Unternehmen im letzten Jahr oder Quartal abgeschnitten hat. Eine Siemens-, Allianz-, Schweizerische Rück- oder Roche-Aktie steigt nicht deshalb im Kurs, weil bestimmte Unternehmensanalytiker in den Bilanzen etwas entdeckt haben. Sondern sie werden gekauft, weil *weltweit* sinkende Zinsen für steigende Aktienkurse sorgen und weil diese Aktien bei Großanlegern gerade *weltweit* gefragt sind.

Der *Gesamttrend* ist also entscheidend. Das gilt auch für die sogenannte Chartanalyse. Welchen Sinn hat es, wenn zum Beispiel im Fernsehen ein Chartist auftritt und mit vielen Linien und Strichen anhand eines *einzelnen* Index, zum

Beispiel des DAX, die Ursachen eines Trends erläutern will?

Eine solche Chartanalyse gleicht einem Umherirren im Labyrinth. Denn weder eine Aktie noch irgendein Landesindex sind »frei« und selbständig in ihrem Trend. Gewiß können politische Ereignisse oder unerwartet positive oder negative Unternehmensmeldungen den Index eines Landes oder einen einzelnen Aktienkurs *kurzfristig* stark beeinflussen. Aber das ist ohnehin nicht vorhersehbar. Sobald aber die Zeitungen das Ereignis melden (»Drohender Kapitalschnitt bei Moksel« o.ä.), ist es ohnehin zu spät, darauf noch zu reagieren. Sie kaufen oder verkaufen dann oft im verkehrtesten Augenblick.

Daß wir den *Welt-Trend* bei Zinsen und Aktien richtig einschätzen, ist das Entscheidende! Selbst wenn ich nur deutsche oder nur schweizerische Aktien kaufen wollte, bliebe mir nicht erspart, genau zu beobachten, welcher Zins- und Aktientrend in den USA herrscht. Um so sicherer kann ich dann auch meine heimische Börsenentwicklung abschätzen.

Wir haben mit unserer Monats-Schluß-Methode nun ein ausgezeichnetes Hilfsmittel für den weltweiten Ein- und Ausstieg an den Aktienbörsen.

Die Entscheidung, aus welchen Ländern wir Aktien kaufen, welche Branchen wir auswählen und welche Unternehmen gerade besonders aussichtsreich sind, wird uns damit allerdings nicht abgenommen.

Das wichtigste ist freilich, wie erwähnt, ob es *überhaupt* auf- oder abwärts geht! Die Trends ziehen sich ja im wesentlichen quer durch alle Länder und Aktien. Sie steigen bzw. fallen mehr oder weniger, aber der Trend ist mittelfristig im wesentlichen derselbe. Sicher: mit einigen Aktien, die Sie kaufen, werden Sie glücklich sein, mit einigen nicht, aber wenn Sie sich strikt an die Kauf- und Verkaufsignale unserer Monats-Schluß-Methode halten, kann Ihnen insgesamt wenig passieren, auch wenn es mit einigen Aktien nicht so gut wie erhofft läuft.

Soll man Verlustaktien halten?

Besonders der *Verkauf* fällt Börsenanfängern immer dann schwer, wenn Aktien unter dem Einstandskurs notieren. In diesem Zusammenhang taucht immer wieder die verräterische Formulierung auf: »Aktie XY kann ich nicht verkaufen, denn da liege ich im Verlust.«

Erst wenn man solche Sätze immer und immer wieder hört und darüber nachdenkt, fällt einem auf, was darin für fatale Irrtümer stecken:

Irrtum Nr. 1: »Aktien, mit denen ich im Verlust liege, eignen sich besonders gut zum Halten.«

Wie das? Seit wann sind schwache Aktien besonders haltenswert?

Natürlich muß eine Aktie nicht gleich schwach sein, die nach dem Kauf einen Rückschlag erleidet. Und ich bin auch dagegen, daß man grundsätzlich einen Stopkurs um beispielsweise 10 % unter seinem Einstandskurs festlegt.

Denn auf den *Einstandskurs* kommt es gar nicht an; man vergißt ihn am besten gleich nach dem Kauf. Sehr viel wichtiger ist, daß die Signale noch stimmen, auf Grund deren ich die Aktie überhaupt gekauft habe.

Irrtum Nr. 2: »Solange ich eine Aktie halte, habe ich noch keinen Verlust, auch wenn der Kurs weit unter meinem Einstandpreis liegt.«

Was würde ein guter Kaufmann oder Buchhalter zu dieser

Überlegung sagen? Sind denn Buchverluste keine Verluste? Liegt einer solchen Aussage nicht eher Verdrängung zugrunde als ein schlüssiges Argument? Ist es gar die Unfähigkeit, sich eine Fehlinvestition einzugestehen?

Daß nicht jede Aktie gut läuft, die man gekauft hat, ist völlig normal und kein Grund zur Beunruhigung.

Irrtum Nr. 3: »Ein Verlust ist doch immer nur vorübergehend; irgendwann ist der schon wieder aufgeholt. Man muß eben in der Baisse die Nerven behalten. Dann kommen auch wieder freundlichere Zeiten.«

Es geht in diesem Zusammenhang jedoch nicht um Geduld, sondern darum, daß man Verkaufsignale bekommen hat und sie auch befolgen sollte. Warum muß man sich unbedingt an den schwachen Aktien festbeißen, meint, sie durch die Baisse hindurch halten zu müssen und glaubt gar, mit ihnen später die Verluste am besten wieder aufholen zu können?

Gerade schwache Aktien sind vielleicht in der Baisse besonders schwach und in der nächsten Hausse auch nicht gerade Renner. Sie können jahrelang schwach bleiben! Am besten entfernt man sie rechtzeitig aus seinem Depot und holt die Verluste in der nächsten Hausse mit besseren, stärkeren Aktien wieder auf.

Hilft die Fundamentalanalyse bei der Aktienauswahl?

Jedes Jahr veröffentlicht das *manager magazin* seinen großen Unternehmenstest in der November-Ausgabe. 500 deutsche Unternehmen werden fundamental nach Rendite, Sicherheit und Wachstum beurteilt. Im nächsten oder übernächsten Heft geht es dann um die größten 500 europäischen Unternehmen.

Es ist sehr zu begrüßen, wenn eine solche umfassende Veröffentlichung erscheint. Steckt auch genügend Substanz in einer Aktie, die gerade in aller Munde ist? Stehen Preis der Aktie und Gewinnentwicklung des Unternehmens eigentlich noch in einem angemessenen Zusammenhang? Diesen Fragen muß man sich ja als Anleger immer wieder stellen.

Solche Fundamentalanalysen haben auch den großen Vorteil, daß sie eine ganze Weile Gültigkeit behalten. Denn bei solide geführten Unternehmen ist kurzfristig nicht mit gravierenden fundamentalen Änderungen zu rechnen. Man gewinnt eine Art »rating« für die Qualität von Unternehmen.

Ein einfaches Rating, das »Kurs-Gewinn-Verhältnis« (KGV), ist den meisten Anlegern bekannt. Man setzt die geschätzten Gewinne pro Aktie für das laufende Jahr zum gegenwärtigen Börsenkurs in Beziehung. Das KGV drückt aus, in wieviel Jahren ein Unternehmen bei gleichbleibender Gewinnlage den Preis der Aktie verdient hätte. Je niedriger also das KGV, desto preiswerter die Aktie.

Die Beurteilung *nur* nach dem KGV hat mehrere Nachteile:

1. Der Wert eines Unternehmens ist nicht nur der jährliche Gewinn. Versicherungen zum Beispiel verfügen über reiche Substanz, die im KGV nicht zum Tragen kommt. Auch muß eine Wachstumsgesellschaft, die in einer zukunftsträchtigen Branche tätig ist, einen »Bonus« erhalten. (Aber Achtung: Was »zukunftsträchtig« ist, darüber ändern sich die Meinungen von Zeit zu Zeit!)

2. Eine zu erwartende schlagartige Gewinnveränderung (z. B. beim »Turn-around«) drückt sich im KGV erst viel zu spät aus.

Im Kurs sind oft schon Nachrichten enthalten, die noch nicht allgemein bekannt sind. So sollte man sehr mißtrauisch sein, wenn das KGV einen günstigen Wert anzeigt, die Aktie aber offensichtlich nicht gekauft wird, weil Großanleger sie einfach nicht haben wollen. Hier könnten durchaus noch schlechtere Nachrichten zu erwarten sein.

Prof. Reinhard Schmidt, der für das *manager magazin* jedes Jahr die erwähnte Analyse deutscher und europäischer Standardaktien durchführt, versucht die Mängel bloßer KGV-Berechnungen zu beheben, indem er Unternehmensbilanzen über mehrere Jahre hinweg nach Rendite, Sicherheit und Wachstum beurteilt. So war SAP, die beste deutsche Aktie 1995, eine der Favoriten Schmidts beim Test vom November 1994.

Doch auch sein System hat oft viel zu spät wichtige *Neueinschätzungen* erkannt. So lag er häufig ein Jahr hinter dem zurück, was die Kursentwicklung an der Börse schon an »fundamentalen Ereignissen« vorweggenommen hatte. Nokia, der finnische Superrenner der Jahre 1993-1994, erhielt stets relativ schlechte Noten, während zum Beispiel die Günther-Aktie so gut wie SAP bewertet wurde und dann 1995 eine der schlechtesten deutschen Aktien an der Börse war.

Um diese Mängel, die im *manager magazin* durchaus zugegeben werden, zu mindern, hat Schmidt in den letzten Jahren die Börsenentwicklung der jeweiligen Aktie mit einbezogen. Dazu wird die Kursentwicklung der jeweils letzten drei Jahre berücksichtigt. Und stark im Kurs schwankende Aktien erhalten Punktabzug.

Diese Vermischung nützt meiner Meinung nach wenig. Die »relative Stärke« (dazu mehr im 2. Teil dieses Buchs) ist über eine Spanne von drei Jahren hinweg nicht aussagekräftig, wie ich in einem Test feststellte. Im übrigen kommt es einer Bankrotterklärung der Fundamentalanalyse gleich, wenn sie eine Unternehmensbeurteilung von der Kursentwicklung abhängig macht, anstatt den umgekehrten Weg zu gehen.

Mich haben deshalb ausschließlich Prof. Schmidts *fundamentale* Ranglisten interessiert. Es ist einfach wichtig zu wissen, welche Unternehmen aus rein betriebswirtschaftlicher Sicht zur Zeit als erstklassig eingeschätzt werden und welche auf wackligen Beinen stehen. Bei den gut beurteilten muß um so dringender darauf geachtet werden, ob die Aktie weiterhin an der Börse gefragt bleibt, da die positiven Faktoren ja bereits alle im Kurs enthalten sind. Und Vorsicht, wenn sich die Bonität auch nur ein wenig vermindert!

Turn-around-Kandidaten (das sind Unternehmen, die schwere Verluste hinnehmen mußten, sich aber wieder auf dem Weg in die Gewinnzone befinden) suche ich mir gern aus den von Prof. Schmidt als fundamental schlecht beurteilten Werten aus; sie werden interessant, wenn sie plötzlich trotz schlechter Beurteilung zu Börsenrennern werden.

Im zweiten Teil des Buchs werden Sie einige Instrumente finden, mit deren Hilfe die Aktien- und Länderauswahl verbessert werden kann. Aber was ist, wenn dazu einfach die Zeit fehlt? Ist es überhaupt sinnvoll, immer wieder sein Depot umzuschichten? Die Sirenenklänge in den Medien und Börsenbriefen sind gefährlich, weil sie ständig den Eindruck vermitteln, es sei höchste Zeit, etwas zu tun. Wie frei ist man unter solchen Umständen als Anleger noch, »objektiv« auszuwählen? Und was nützt es, für ein paar Monate die richtigen Aktien zu besitzen, wenn kurz darauf einige Großanleger schon wieder umschichten?

In den 70er und 80er Jahren haben sich die Aktien insgesamt gesehen eher im gleichen Trend bewegt als in den 90er Jahren. Ich habe manchmal den Eindruck, als gebe es bei den Managern der großen Investmentfonds inzwischen eine größere Bereitschaft zum Umschichten, und zwar dann, wenn neue Gewinnzahlen für einzelne Unternehmen veröffentlicht werden. Sollten diese im letzten Quartal nicht den Erwartungen entsprechen, wird ohne Sinn und Verstand verkauft. Anderswo steigt man ein, um drei Monate später auch diese Papiere (oft sogar mit Verlust!) zu verkaufen. Dieses hektische Umschichten kann ich mir nur so erklären, daß die Fondsmanager bei Kontrollen ihrer Mutterfirma immer gut dastehen wollen: Stets sind diejenigen Aktien besonders breit im Fond angelegt, von denen gerade alle Welt gut spricht. Die Fondsmanager können damit beweisen, wie sehr sie auf dem laufenden sind und wie wenig man ihnen vorwerfen kann, sie blieben auf den Nieten sitzen.

Ob ein Fond wirklich *auf Dauer* gut abschneidet, wenn ständig nur die gerade in Mode befindlichen Aktien im Depot belassen werden, ist schwieriger zu überprüfen und damit den betreffenden Managern auch weniger wichtig.

Auch wenn ich der Meinung bin, daß trotz der kurzfristigen, teilweise heftigen Schwankungen bei den einzelnen Aktien die sogenannte »relative Stärke« immer noch wichtig ist und daß auch Dollarkurs und Goldpreis erstklassige Hilfen zur Länder- und Aktienauswahl sind (siehe dazu Teil 2 dieses Buchs), möchte ich gerade dem Anleger, der wenig Zeit hat, Mut zum Nichtstun machen, sofern er bei den im 4. Kapitel genannten Zinssignalen allgemein ein- und aussteigt.

Wer nicht umschichten will, muß allerdings darauf achten, daß sein Depot möglichst sicher ist. Das heißt:

1. *Nur große, auch fundamental erstklassige Standardaktien!*
2. *Mischung aus verschiedenen Branchen!*
3. *Möglichst auch internationale Mischung!*

Sämtliche vorgeschlagenen deutschen und ausländischen Aktien hatten zum Zeitpunkt des Redaktionsschlusses dieses Buchs einen guten Ruf, haben im allgemeinen gut mit dem

Landesindex korreliert und werden auch breit an deutschen Börsen gehandelt.

Auswahl Deutsche Aktien

Das folgende Depot wird aus heutiger Sicht im wesentlichen der Entwicklung des Deutschen Aktien-Index – DAX – entsprechen. Damit hätte es beispielsweise 1995 besser abgeschnitten als *alle* Analyseteams der Banken in Deutschland, wie das *manager magazin* in einer Studie im Mai 1996 ermittelte. Denn deren Empfehlungen schnitten allesamt schlechter als der DAX ab.

Allianz Holding	Bayer	Daimler
Deutsche Bank	Mannesmann	RWE
Siemens	Volkswagen	

Die Kombination Allianz Holding, Deutsche Bank und RWE wirkt durch die weitgefächerten Beteiligungen dieser Unternehmen fast wie ein kleiner Aktienfond; Bayer repräsentiert Chemie/Pharma, Siemens die Elektronik, Mannesmann die Telekommunikation und den Maschinenbau, Daimler und VW die Fahrzeugbranche.

Auswahl USA

Boeing	Coca Cola	DuPont
General Electric	IBM	McDonald's
Merrill Lynch	Merck	Philip Morris

Das Depot wird im wesentlichen der Entwicklung des Dow Jones-Index entsprechen.

Boeing ist der größte Flugzeugbauer, General Electric repräsentiert nicht nur Elektronik, sondern hat sich inzwischen zu einem breiten Mischkonzern entwickelt. Coca Cola und Philip Morris sind Marktführer bei Nahrungs- und Genußmitteln.

Merrill Lynch steht für die Finanzbranche, DuPont für die Großchemie. Merck ist der weltgrößte Pharmahersteller. Den Computerhersteller IBM sowie die weltgrößte Imbißkette McDonald's muß man ja kaum mehr vorstellen.

Auswahl Europa (ohne Deutschland)

L'Oreal (F)	LVMH (F)	Cable & Wireless (GB)
Glaxo (GB)	Fiat (I)	Schwz. Bankverein (CH)
Holderbank (CH)	Ericsson (S)	Banco Santander (E)

Hier wurde ebenfalls auf Branchenmischung geachtet: Den Kosmetik- und Parfümhersteller L'Oreal kennt jeder. LVMH (Louis Vuitton Moet-Hennessy) ist der bekannte Hersteller von Champagnern, Lederwaren und anderen Luxusgütern. Glaxo ist eines der größten Pharmaunternehmen der Welt. Der Autohersteller Fiat ist *die* italienische Aktie (zahlreiche andere Beteiligungen im In- und Ausland). Der Schweizerische Bankverein und die spanische Banco Santander zählen zu den renommiertesten Bankinstituten der Welt. Und Cable & Wireless (England) sowie Ericsson (Schweden) sind weltweit führende Anbieter im Elektronik- und Fernmeldebereich. Holderbank ist Marktführer in der Zementherstellung.

Dieses Depot hätte sich in den letzten Jahren in der Regel

mit der durchschnittlichen europäischen Indexentwicklung bewegt.

Auswahl Hongkong/Singapur

HSBC Holding	Cathay Pacific	OCBC
Keppel		

Sie mögen es etwas exotisch? So groß ist das Risiko gar nicht! Die HSBC (Hongkong & Shanghai Banking Corporation) hat inzwischen ihre Zentrale in London und zählt ebenfalls zu den erstklassigen Bankinstituten der Welt. OCBC ist eine Singapur-Bank mit sehr gutem Ruf, Cathay Pacific *die* Luftfahrtgesellschaft Hongkongs. Keppel ist der größte Schiffsbauer Singapurs und gleichzeitig Transport- und Immobilienkonzern.

Auswahl Japan

Canon	Fujitsu	Hitachi
NEC	Nomura	Toyota

Canon (Kopierer, Fotoapparate), Hitachi (Elektronik), NEC (Chips, Elektronik, Computer) und Toyota (Fahrzeuge) kennt zweifellos jeder. Nomura ist eines der größten Brokerhäuser und Finanzinstitute der Welt. Fujitsu stellt Computer, Meßgeräte und Übertragungsanlagen her.

Auswahl Rohstoffaktien

Barrick Gold (Can.)	Placer Dome (Can.)	RTZ (GB)
De Beers (Südafr.)	Schlumberger (USA)	BP (GB)
Norsk Hydro (N)	Royal Dutch (NL)	Broken Hill (Aus)

Wenn die Konjunktur weltweit anspringt, die Zinsen nicht mehr sinken und die Aktienhausse weltweit ihrem Ende zugeht, dann schlägt oft noch die Stunde der Rohstoffaktien. Man kann hier drei Gruppen unterscheiden:

- Öl (Norsk Hydro, Royal Dutch, BP, Schlumberger),
- Gold (Barrick, Placer),
- andere metallische Rohstoffe (Broken Hill, RTZ)

De Beers als Diamantenmonopolist entwickelt sich in der Regel ähnlich wie die Goldaktien. Norsk Hydro ist *die* norwegische Aktie und kein reines Ölunternehmen. Schlumberger als Ölförderunternehmen ist weitaus stärker vom Ölpreis abhängig als Norsk Hydro.

Wie Sie nun für Ihr eigenes Depot die vorgeschlagenen Titel zusammenstellen wollen, das wird je nach persönlicher Vorliebe und politischer Großwetterlage unterschiedlich sein. Achten Sie aber auf eine gute Mischung; dann kann wenig passieren. Zusätzliche Ratschläge finden Sie in den folgenden Kapiteln.

Teil 2

Ergänzende Methoden für den Börsenprofi

6. Kapitel
»Normale« oder »inverse« Zinsstruktur

Am 26. Februar 1996 war im *Handelsblatt* eine Analyse des Münchner Wirtschaftsforschers Walter Naggl nachzulesen, der »eine hohe Wahrscheinlichkeit für eine Rezession« sah. Er berief sich dabei auf den Trend des IFO-Geschäftsklima-Index, der meiner Meinung nach jedoch keine sonderlich zuverlässigen Signale liefert. Schließlich beruht er nur auf Befragungen und persönlichen Einschätzungen von Managern, die sich jedoch schon oft mit ihren Prognosen getäuscht haben.

Es gibt aber einen sehr viel besseren Konjunkturindikator: Vor einigen Jahren haben die Kieler Konjunkturforscher her-

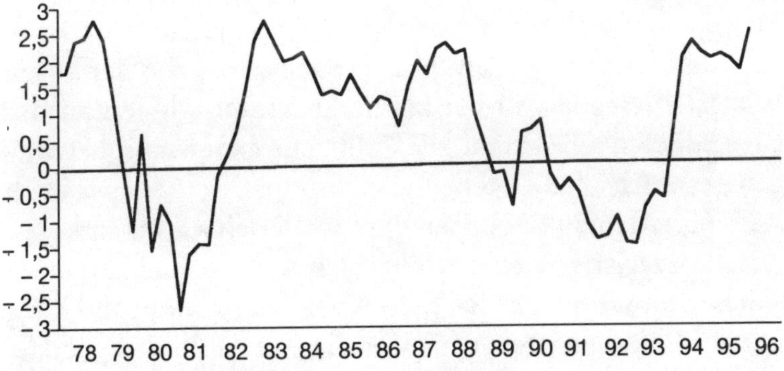

Diagramm 26: Entwicklung der Zinsdifferenz (Umlaufrendite minus Dreimonatszinsen) in Deutschland 1978 bis 1996

ausgefunden, daß der Zinsabstand (»Langfristige Zinsen minus kurzfristige Zinsen«) ein guter Frühindikator für die kommende Wirtschaftslage eines Landes ist.

Wie die Graphik zeigt, hätte man in der Vergangenheit in Deutschland mit diesem simplen Rezept wesentlich bessere Konjunkturprognosen abgegeben als die meisten Forschungsinstitute mit ihren vielen Indikatoren.

Die Regeln für den Zinsabstand lauten:

1. *Steigende Kurve=höheres Wachstum im folgenden Jahr.*
2. *Fallende Kurve=niedrigeres Wachstum im folgenden Jahr.*
3. *Kurve sinkt unter Null (inverse Zinsstruktur, d.h., die Geldmarktzinsen sind höher als die Anleihezinsen): Rezession droht.*

Die Rezessionen 1981/82 sowie 1992/93 wurden auf diese Weise rechtzeitig signalisiert. Man erkennt auch deutlich, daß eine Rezession 1990/91 nur durch die Sonderkonjunktur anläßlich der Wiedervereinigung Deutschlands hinausgezögert wurde.

Damit keine Verwechslung eintritt: Dieser Indikator zeigt die Chancen für die *Konjunktur* an, *nicht* für den Aktienmarkt! Eine gute Konjunktur treibt meist Preise und Zinsen, wodurch eine Aktienbaisse vorprogrammiert wird. Allenfalls profitieren ein paar Nebenwerte von der guten Wirtschaftslage, weil bei kleineren Unternehmen an der Börse doch noch sehr auf die Zahlen und Gewinnschätzungen geachtet wird. Nach einem Zinsanstieg gibt es ja auch Zeiten, in denen die Zinsen eine Weile seitwärts tendieren oder kurzfristig wieder leicht nach unten gehen. In einer solchen Situation werden gern Nebenwerte aufgrund ihrer guten Meldungen gekauft. (Wer dies tut, sollte jedoch darauf achten, daß er bei weiter steigenden Zinsen bald die Gewinne mitnimmt.)

Sehen wir uns aber die verschiedenen Zinsstrukturen einmal näher an. Normalerweise gibt es für kurzfristige Gelder, etwa 3-Monats-Gelder, weniger Zinsen als für mehrjährige Anleihen. Das ist jedoch nicht immer so. Wenn die Zentralbanken Gründe haben, das Geld extrem knapp zu halten, zum Beispiel bei drohender Inflation, ziehen sie manchmal die Zinszügel so scharf an, daß die kurzfristigen Zinsen höher liegen als die langfristigen. Man spricht dann von einer »inversen« Zinsstruktur.

Betrachten Sie einmal die folgenden Graphiken, in denen die kurzfristigen Zinsen den langfristigen gegenübergestellt

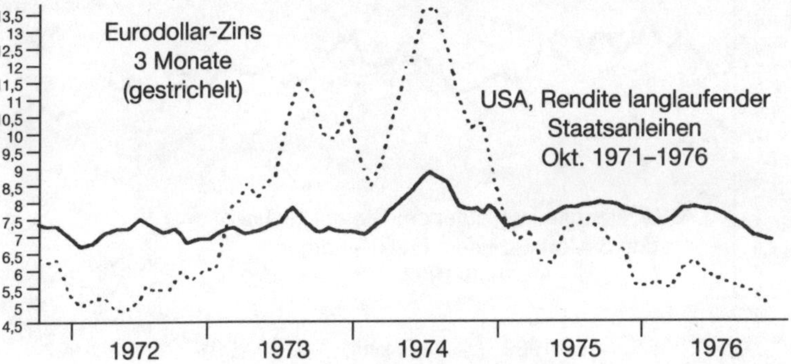

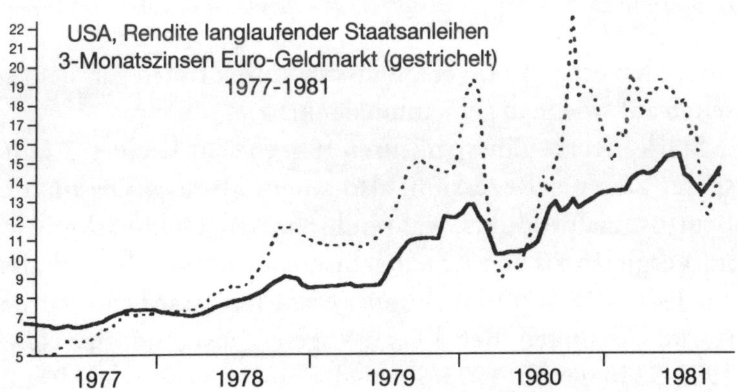

Diagramm 27: Inverse Zinsstrukturen in den USA 1971 bis 1981

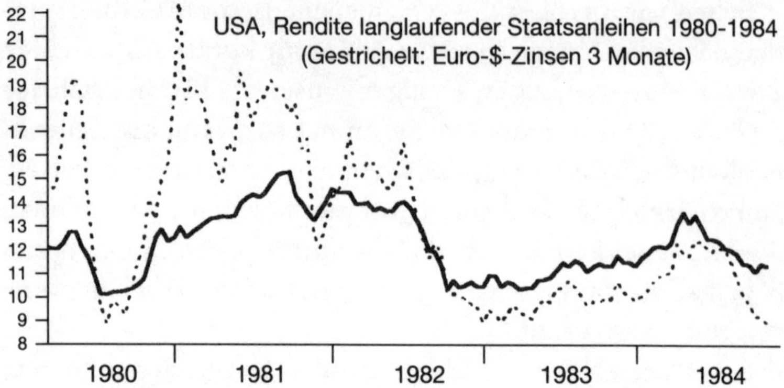

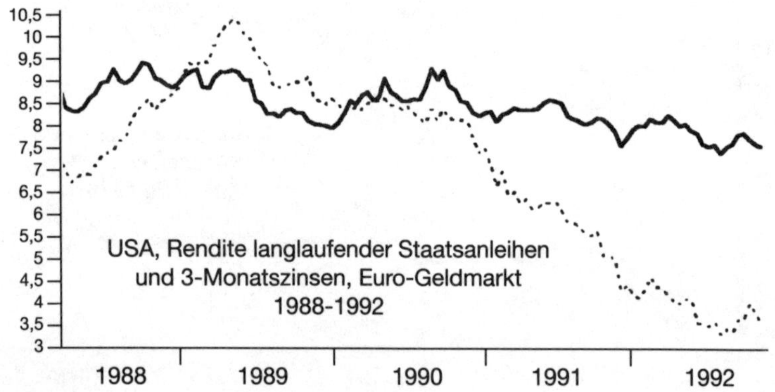

Diagramm 28: Inverse Zinsstrukturen in den USA in den 80er Jahren

sind. Man erkennt: Inverse Zinsstrukturen treten gar nicht so selten auf, wie man gemeinhin denkt.

Stark inverse Zinsstrukturen führen sehr leicht 1-2 Jahre später zu einer Rezession, also einem Minuswachstum des Bruttosozialprodukts, während sehr tiefe Geldmarktzinsen im Vergleich zu den Anleihezinsen ein starkes Wirtschaftswachstum (Konjunkturboom) erwarten lassen. So hat das starke Absinken der kurzfristigen Zinsen in den USA 1991/92 in der Tat 1993/94 wieder zu einem Wirtschaftsaufschwung geführt.

Um das Entstehen einer inversen Zinsstruktur als Verkaufsignal für Aktien (oder deren Überwindung als Kaufsignal) zu werten, ist es in der Regel zu spät. Die Aktienkurse richten sich weniger nach erwarteten konjunkturellen Daten als vielmehr nach den erwarteten Zins-Preis-Signalen. Die Trends der Geldmarktzinsen können allerdings wichtig sein bei der Auswahl des Landes.

Im Jahr 1992 zeigte sich, daß die Beachtung inverser Zinsstrukturen durchaus von Bedeutung ist. Während die USA bereits zu niedrigen Geldmarktzinsen zurückgekehrt waren, sah es Mitte 1992 in Deutschland sehr kritisch aus.

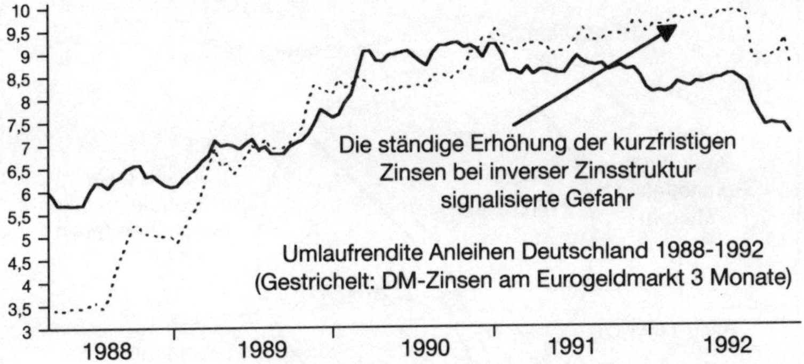

Diagramm 29: Inverse Zinsstruktur in Deutschland 1989 bis 1992

Tip: Seien Sie selbst bei sinkenden Anleihezinsen noch mißtrauisch gegenüber Ländern, in denen die Zinsstruktur invers ist und zudem die Zentralbank weiterhin durch Zinserhöhungen das Geld knapp hält!

Wir haben andererseits gesehen, daß durch unsere Monats-Schluß-Methode, die die Geldmarktzinsen ja nicht berücksichtigt, wenigstens Ende Juli Verkaufsignale kamen, die die schlimmsten Kursverluste im August 1992 vermeiden halfen.

7. Kapitel
Der Goldpreis als wichtigster Indikator für Geldentwertung

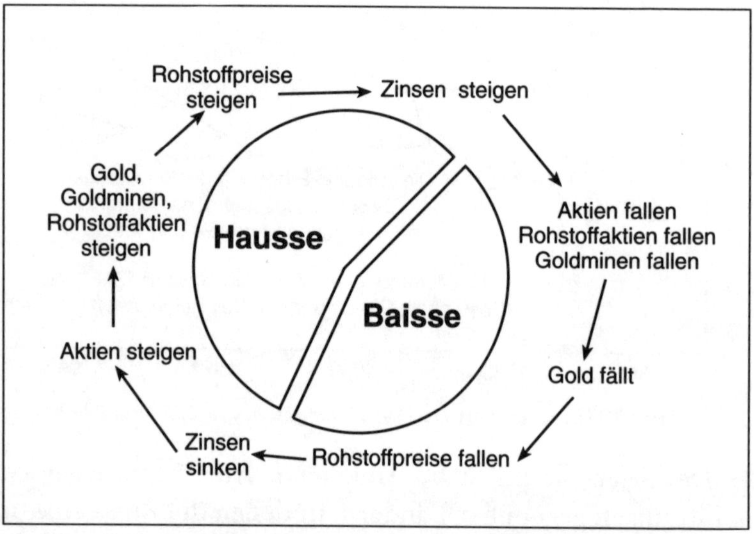

Diagramm 30: Der Kreislauf von Preisen, Zinsen und Aktienkursen

Um überhaupt ein Gefühl für die Zusammenhänge und Abläufe an den Weltbörsen zu bekommen, habe ich das im Diagramm 30 dargestellte Schema immer als besonders hilfreich empfunden, wenngleich man aus der Darstellung nicht den falschen Schluß ziehen darf, dieser Kreislauf entwickle sich in gleichbleibendem Tempo. Es gibt schnelle und langsame Bewegungen, Überschneidungen, manchmal auch Rückschläge. Unerfahrene Börsenteilnehmer könnten durchaus in Verwirrung geraten und sich fragen: »Wo stehen wir eigentlich jetzt?«

Die Zinsen steigen in der Regel dann, wenn Inflationsgefahr droht. Da die Steigerungen der Verbraucherpreise jedoch kein Frühindikator sind, gilt es, sich an solchen Signalen zu orientieren, die *rechtzeitig* weltweite Gefahren an der Preisfront melden.

In ihrer Bedeutung nicht zu unterschätzen sind die *Lohnabschlüsse* der Tarifparteien; sie bestimmen maßgeblich die Preisentwicklung in einem Staat mit. Da wir aber zunächst auf der Suche nach *weltweiten* Preisindikatoren sind, wenden wir uns den *Rohstoffpreisen* zu, weil sie die internationale Nachfrage nach Gütern am deutlichsten widerspiegeln.

Zur Bestimmung des Trends der Rohstoffpreise (einschließlich aller agrarischen und pflanzlichen Rohstoffe) gibt es mehrere anerkannte Indices, zum Beispiel den CRB-Index oder den Moody-Index.

Von erheblicher weltweiter Bedeutung für die Zins- und Preisentwicklung ist auch die Entwicklung des *Ölpreises* in

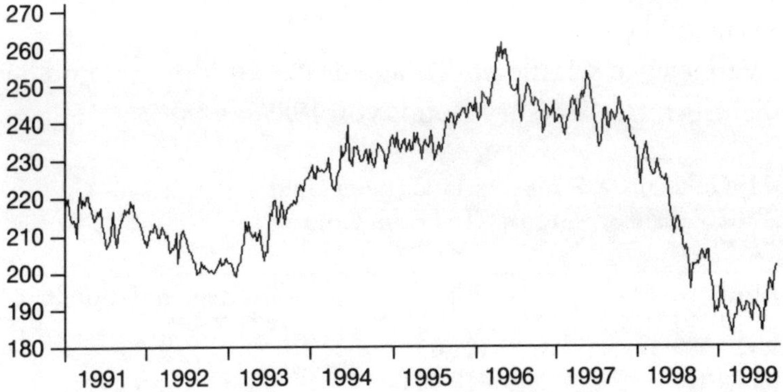

Diagramm 31: CRB Rohstoffpreis-Index seit 1991

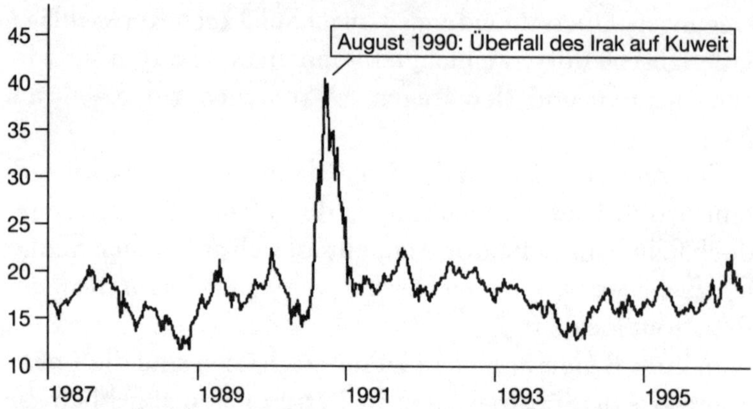

Diagramm 32: Ölpreis (Brent-Nordseeöl) in US-Dollar/Ib seit 1987

US-Dollar. Man könnte hier den Preis des Nordseeöls (Brent) nehmen und die Signale ähnlich der in diesem Buch favorisierten Monats-Schluß-Methode bestimmen.

Am wichtigsten ist jedoch der *Goldpreis*, und zwar in US-Dollar. Er reagiert am schnellsten, wenn das Vertrauen in die Stabilitätspolitik der westlichen Industriestaaten sinkt. Denn Gold hat sich seit Jahrtausenden als verläßliches Zahlungsmittel erwiesen. Auch wenn es um das Gold in den letzten Jahren still geworden ist, haben sich seine Signale für Aktien bis zuletzt bewährt.

Vergleichen wir die MSM-Signale des Goldpreises und der 30jährigen US-Treasury Bonds von 1989 bis 1996:

GH=Goldhausse, 7-Monats-Hoch beim Gold
GB=Goldbaisse, 7-Monats-Tief beim Gold

Datum	Goldpreis	Rendite T-Bonds
29.12.1989	401,00	7,98
26.01.1990	418,00 GH	8,53 V
23.02.1990	415,85	8,58 V

Datum	Goldpreis	Rendite T-Bonds
30.03.1990	370,50	8,65 V
27.04.1990	371,60	9,05 V
25.05.1990	366,50 GB	8,70
29.06.1990	352,20 GB	8,44
27.07.1990	366,75	8,47
31.08.1990	387,75	9,00
28.09.1990	408,40	9,04
26.10.1990	373,70	8,76
30.11.1990	384,85	8,40 K
28.12.1990	386,20	8,30 K
25.01.1991	374,25	8,23 K
22.02.1991	358,80 GB	8,06 K
29.03.1991	355,65 GB	8,24
26.04.1991	353,75 GB	8,21
31.05.1991	360,40	8,27
28.06.1991	366,90	8,41 V
26.07.1991	364,10	8,39
30.08.1991	347,95 GB	8,06
27.09.1991	348,45	7,82 K
25.10.1991	362,00	8,05
29.11.1991	366,30	7,93
27.12.1991	353,30	7,52 K
31.01.1992	357,65	7,76
28.02.1992	353,10	7,80
27.03.1992	340,50 GB	7,94
24.04.1992	336,55 GB	8,04
29.05.1992	337,50	7,84
26.06.1992	343,50	7,78
31.07.1992	357,70 GH	7,46 K
28.08.1992	340,00	7,43 K
25.09.1992	349,70	7,36 K
30.10.1992	339,25	7,63
27.11.1992	335,04 GB	7,60
25.12.1992	333,00 GB	7,36
29.01.1993	330,45 GB	7,20 K
26.02.1993	327,60 GB	6,90 K
26.03.1993	332,70	6,90
30.04.1993	354,30 GH	6,91

Datum	Goldpreis	Rendite T-Bonds
28.05.1993	377,45 GH	6,98
25.06.1993	376,10	6,74 K
30.07.1993	401,75 GH	6,57 K
27.08.1993	369,25	6,13 K
24.09.1993	357,60	6,06 K
29.10.1993	369,60	5,97 K
26.11.1993	376,85	6,25
31.12.1993	391,75	6,30
28.01.1994	378,25	6,28
25.02.1994	378,95	6,72 V
25.03.1994	391,30	6,99 V
29.04.1994	376,45	7,31 V
27.05.1994	385,40	7,39 V
24.06.1994	389,90	7,52 V
29.07.1994	384,00	7,39
26.08.1994	383,30	7,49
30.09.1994	394,85 GH	7,82 V
28.10.1994	387,70	7,96 V
25.11.1994	384,85	7,93
30.12.1994	382,50 GB	7,88
27.01.1995	378,40 GB	7,73
24.02.1995	377,75 GB	7,52
31.03.1995	392,00	7,43 K
28.04.1995	389,75	7,35 K
26.05.1995	385,50	6,76 K
30.06.1995	387,05	6,62 K
28.07.1995	383,00	6,90
25.08.1995	383,10	6,71
29.09.1995	384,00	6,48 K
27.10.1995	382,60 GB	6,35 K
24.11.1995	383,45	6,25 K
29.12.1995	387,00	5,95 K
26.01.1996	406,50 GH	6,04
23.02.1996	398,25	6,41
29.03.1996	397,70	6,67 V
26.04.1996	391,90	6,79 V
31.05.1996	390,55	6,79
28.06.1996	382,00 GB	6,90 V

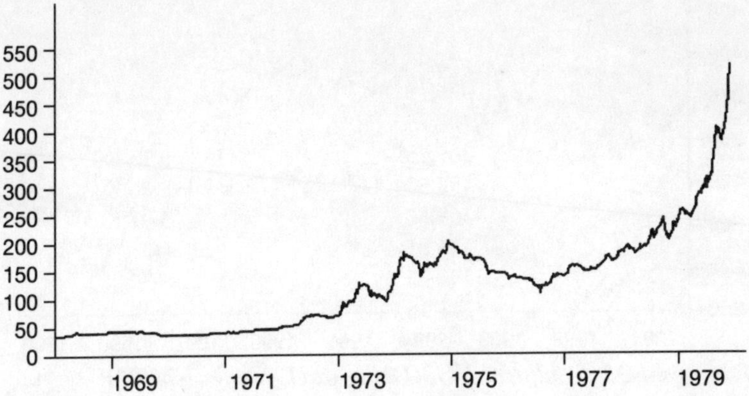

Diagramm 33: Goldpreis in US-Dollar pro Feinunze 1968 bis 1979

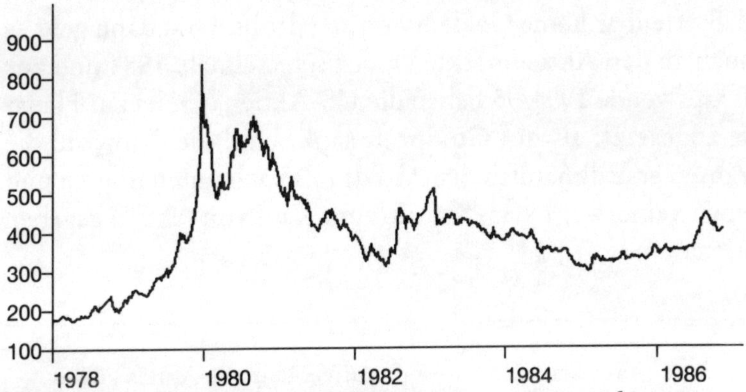

Diagramm 34: Goldpreis in US-Dollar pro Feinunze 1978 bis 1986

Wir beschäftigen uns zunächst mit den GB-Signalen. Beachten Sie vor allem die Zeitpunkte 25.05.1990, 27.03.1992, 27.11.1992 und 30.12.1994! Fällt Ihnen etwas auf?

Immer wenn das Signal »GB« = Goldbaisse kam, sind die US-Zinsen allenfalls noch einen Monat lang weitergestiegen. Dann aber setzte ein Abwärtstrend auch bei den Zinsen ein, wenn er nicht bereits im Gange war.

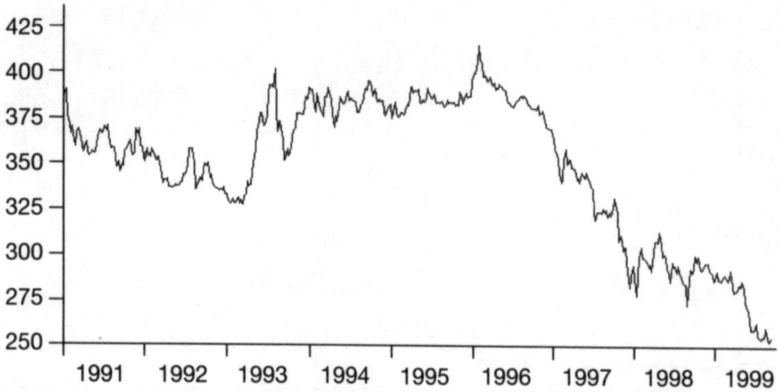

Diagramm 35: Goldpreis in US-Dollar pro Feinunze seit 1991

Denn wenn der Goldpreis fällt, dann ist das für die weltweiten Finanzmärkte ein äußerst *positives Signal.* Es zeigt, daß offenbar keine Geldentwertung droht. Und dann geht es auch an den Aktienmärkten meist sehr schnell. 1984 und zur Jahreswende 1994/95 haben die US-Aktien bereits zur Hausse angesetzt, als der Goldpreis sank. Und dies, obwohl die Zinsen erst allmählich dem Goldpreis nach unten folgten und noch keineswegs klare Signale zum Kauf von Aktien gegeben hatten.

> *Regel*: aben beide Zinssignale zum Verkauf von Aktien geklingelt, dann ist ein folgendes 7-Monats-Tief beim Goldpreis nach der Monatsschluß-Methode bereits ein erstes Kaufsignal, wenn nicht im selben Monat neue Zinshochs eintreten.
> Ist auch der Dollar freundlich (siehe nächstes Kapitel), können erste behutsame Käufe bei Aktien schon erfolgen.

Hier zwei klassische Beispiele von September 1983 und Juli 1984. Hier zeigt sich die Stärke des Gold-Baisse-Signals, besonders dann, wenn auch der Trend des US-Dollars aufwärts gerichtet ist und damit zusätzliche Sicherheit gibt (Kapitel 8). Kursgewinne bei Aktien waren dann möglich, obwohl man nach den Zinssignalen aussteigen mußte bzw. noch nicht hätte einsteigen dürfen:

GH=Goldhausse, 7-Monats-Hoch beim Gold
GB=Goldbaisse, 7-Monats-Tief beim Gold
DH=Dollarhausse, 7-Monats-Hoch beim Dollar
DB=Dollarbaisse, 7-Monats-Tief beim Dollar

Datum	Goldpreis	US-Dollar	Co-Index	Dow Jones
28.01.1983	493,75 GH	2,4388	744,00	1064,75
25.02.1983	464,75	2,4148	812,80	1120,94
25.03.1983	411,75 GB	2,4202	901,70	1140,09
29.04.1983	429,25	2,4581	960,80	1226,20
27.05.1983	437,25	2,5093	922,70	1216,14
24.06.1983	423,50	2,5281 DH	946,20	1241,69
29.07.1983	422,00	2,6435 DH	972,90	1199,22
26.08.1983	417,00	2,6580 DH	927,50	1192,07
30.09.1983	405,00 GB	2,6391	939,10	1233,13
28.10.1983	387,75 GB	2,6160	1006,90	1223,48
25.11.1983	376,10 GB	2,7073 DH	1025,20	1277,44
30.12.1983	381,50	2,7238 DH	1041,70	1258,64
27.01.1984	370,00 GB	2,8141 DH	1082,20	1230,00
24.02.1984	395,75	2,6286	1033,90	1165,10
30.03.1984	388,50	2,5900 DB	1022,30	1164,90
27.04.1984	379,90	2,6957	1032,80	1175,90
25.05.1984	384,20	2,7256	1007,40	1107,10
29.06.1984	369,00 GB	2,7842	1008,20	1132,40
27.07.1984	335,25 GB	2,8662 DH	936,20	1114,60

Im August 1984 kamen dann auch die Zinssignale, aber bei bereits gestiegenen Aktienkursen. Die Gold- und Dollarsignale im Juli 1984 waren hier besser.

Warum ist ein Goldtief so ein positives Signal für Aktien?

Man muß bedenken, daß ein fallender Goldpreis im Grunde nicht in eine Welt paßt, in der jedes Jahr alles teurer wird. Er ist dann schon ein ungewöhnlich starkes Signal dafür, daß die Anleger weltweit keine inflationäre Entwicklung erwarten. Er zeigt, daß Vertrauen vorhanden ist auf den Finanzmärkten, auch wenn die Zinsentwicklung darauf noch träge reagiert.

Beispiel:
Nach unseren hervorragenden Zins-Kaufsignalen Ende Januar 1988 (zu Tiefstkursen) stiegen ab der 2. Jahreshälfte 1988 die Zinsen weltweit wieder langsam. Aber das war offenbar nur eine Reaktion auf die zu niedrigen Zinsen Anfang 1988, mit denen die Zentralbanken den Aktien-Crash 1987 abfederten. Der fallende Goldpreis zeigte weiterhin, daß keinerlei Inflationsgefahr bestand. So konnte man die steigenden Zinsen eine ganze Weile ignorieren, zumal sich auch der Dollarkurs weiterhin sehr freundlich zeigte:

Datum	Goldpreis	US-Dollar	Co-Index	Dow Jones
29.01.1988	454,50	1,6730	1207,90	1958,20
26.02.1988	430,45 GB	1,6895	1391,50	2023,20
25.03.1988	451,80	1,6810	1379,90	1979,00
29.04.1988	449,00	1,6683	1356,20	2032,30
27.05.1988	452,00	1,7127 DH	1352,60	1956,40
24.06.1988	443,25	1,7970 DH	1430,80	2143,00
29.07.1988	436,80	1,8810 DH	1477,90	2128,70
26.08.1988	433,15	1,8656	1456,10	2017,40
30.09.1988	396,70 GB	1,8798	1571,10	2112,90
28.10.1988	411,50	1,7830	1637,00	2149,90

Bekanntlich hatten ja unsere beiden Zinssignale leider sehr ungünstig am 27. Mai 1988 zum Ausstieg aus Aktien geklingelt und diesen Irrtum erst Ende Oktober wieder korrigiert.

Wem die freundlichen Dollarsignale zum Halten zu unsicher waren (und in der Tat ist ja nicht immer darauf Verlaß), hätte zumindest wieder Ende September auf das Goldsignal hin Aktien kaufen können.

Es ist jedoch keinesfalls so, daß die Goldsignale *immer* besser als die Zinssignale gewesen sind (über die wir uns ja insgesamt gesehen wirklich nicht beklagen können). Deshalb hier ein warnendes Beispiel aus dem Jahre 1990:

Datum	Goldpreis	US-Dollar	Co-Index	Dow Jones
29.12.1989	401,00	1,6978 DB	2190,20	2753,20
26.01.1990	418,00 GH	1,6890 DB	2209,00	2559,00
23.02.1990	415,85	1,6775 DB	2192,00	2564,00
30.03.1990	370,50	1,6944	2410,00	2707,00
27.04.1990	371,60	1,6822	2229,00	2645,00
25.05.1990	366,50 GB	1,6832	2243,00	2821,00
29.06.1990	352,20 GB	1,6715 DB	2297,00	2881,00
27.07.1990	366,75	1,6222 DB	2352,00	2899,00
31.08.1990	387,75	1,5622 DB	1988,00	2614,00
28.09.1990	408,40 GH	1,5641	1629,00	2452,00

Die Zinsen hatten seit Januar 1990 eindeutig zum Ausstieg aus Aktien geklingelt; der Dollar hat es bestätigt. Dennoch waren die Gold-Signale im Mai und Juni 1990 gar nicht so schlecht. Auch die Zinsen stiegen schon nicht mehr, auch wenn sie noch kein Signal gaben.

Bis Ende Juli lag man mit seinem Vertrauen in die Goldsignale ja noch ganz richtig. Aber dann mußte man spätestens auf die warnende Dollarbaisse hören und wieder verkaufen, denn danach war es zu spät, wie die Aktienindices Ende August und Ende September zeigen. (Mit dem Dow Jones Utility werden wir später noch einen weiteren Indikator kennenlernen, der Ende Juli 1990 gewarnt hätte.)

Der Unterschied zwischen der Situation von 1990 und den Beispielen von Juli 1984 und September 1988 besteht aber auch darin, daß sich die Aktien 1984 noch in der Baisse bzw. 1988 erst auf »halber Höhe« befanden, während wir im Juli 1990 Rekordstände bei den Indices hatten.

Wenn nun ein *sinkender* Goldpreis ein ganz guter Indikator für Aktien ist, wie steht es mit einem *steigenden* Goldpreis? Ist dieser für Aktien gefährlich?

Hier müssen wir unterscheiden: Auf *steigende* Goldpreise allein haben die Aktienmärkte noch selten negativ reagiert, weil in dieser Zeit auch die Konjunkturen gut laufen und die Unternehmen steigende Gewinne melden. Erst ein hinzukommender Zinsanstieg zwingt die Aktien in die Knie. So ist ein steigender Goldpreis zwar ein Warnsignal für Aktien, hat aber nicht dasselbe Gewicht, wie es ein fallender Goldpreis als Einstiegssignal für Aktien besitzt.

Ein Beispiel aus den letzten Jahren war der Ausbruch des Goldpreises über die 200-Tage-Durchschnittslinie im März/April 1993. Zahlreiche Anleger, die der laufenden Aktienhausse wegen der wirtschaftlichen Rezession trotz sinkender Zinsen ohnehin nie so recht getraut hatten, waren nun zusätzlich verunsichert. Ging die Aktienhausse nun schon dem Ende zu, wie man es 1991 und 1992 jeweils im Frühjahr erlebt hatte? Drohte gar ein »Crash«?

Das passiert nicht, ehe die Zinsen wieder zu steigen beginnen. 1993 dauerte das nach dem ersten GH-Signal noch ein halbes Jahr, bis es soweit war. Auch im Crash-Jahr 1987 hatte der Goldpreis bereits im Sommer 1986 klar die 200-Tage-Li-

Diagramm 36: Goldpreis Juli 1992 bis April 1993

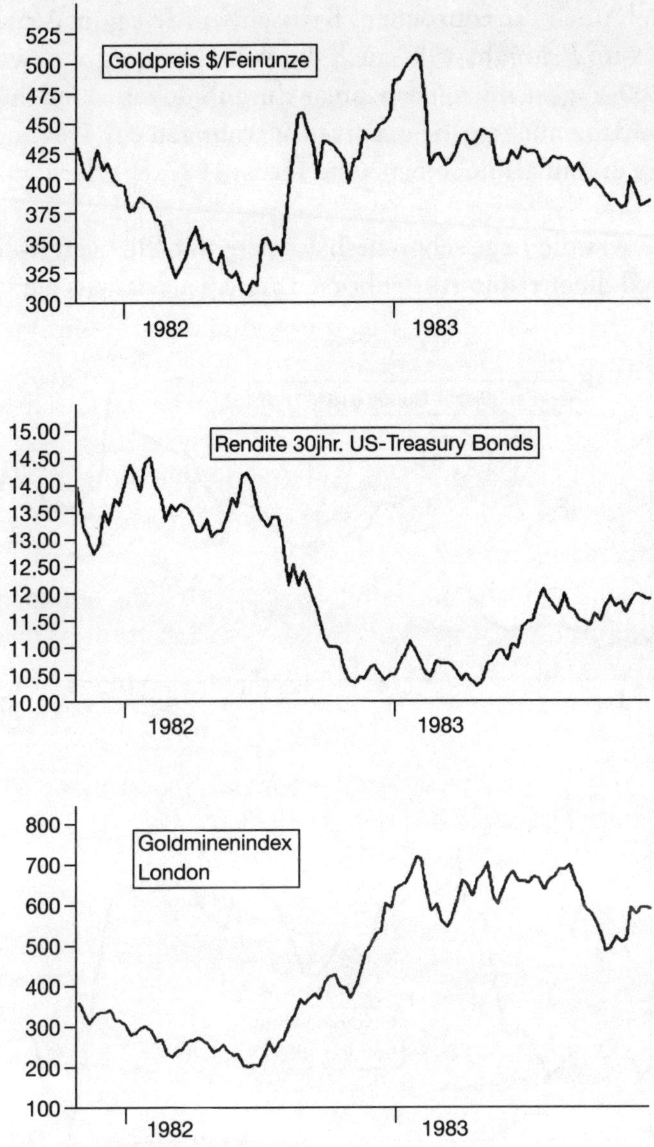

Diagramm 37: Vergleich der Trends des Goldpreises, der US-Anleihezinsen und der Goldminen 1982 bis 1983

nie nach oben durchbrochen. Kritisch wurde es für Aktien erst, als im Frühjahr 1987 auch die Anleihezinsen weltweit ihre 200-Tage-Linien nach oben durchbrachen. Und hier setzten dann auch meine massiven Warnungen ein. Dennoch dauerte es damals noch bis zum Herbst 1987, ehe der Crash kam.

1993 war die Lage schon deshalb nicht mit 1987 vergleichbar, weil die meisten Aktienbörsen anders als damals gerade

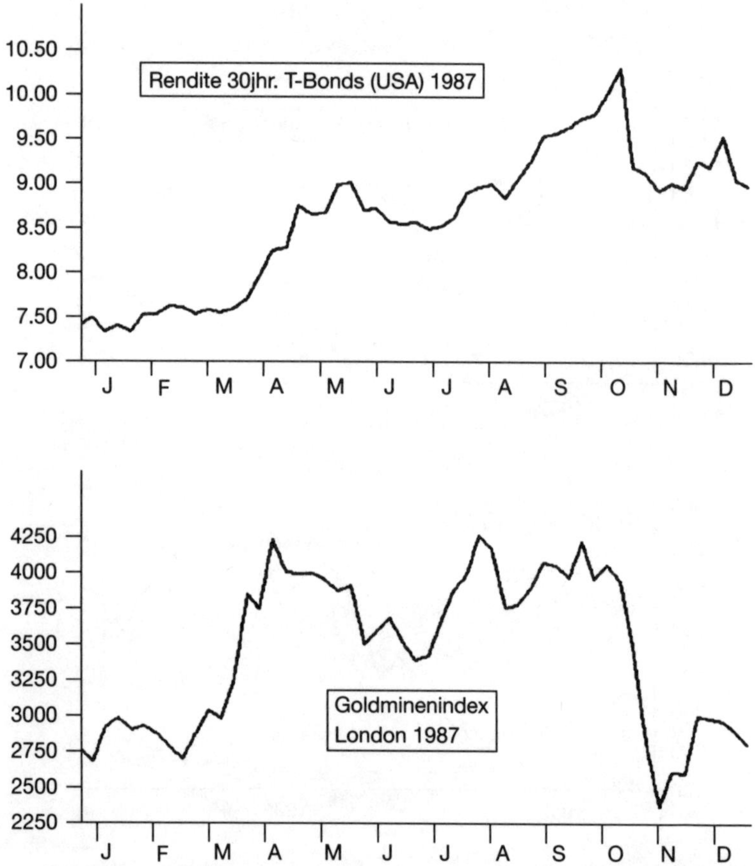

Diagramm 38: Vergleich der Rendite der 30jährigen US-Treasury Bonds mit dem Trend der Goldminenaktien 1987

erst aus der Baisse gekommen waren. Außerdem vergehen von einem Anstieg des Goldpreises bis zum Anstieg der Zinsen meist 3-6 Monate, und von da ab nochmals mindestens 3-6 Monate, bis sich dieser durchschlagend auf die Aktienmärkte auswirkt.

In dieser Zeit ist der Kauf von Rohstoffaktien, zum Beispiel Goldminenwerten, meist optimal.

Interessant ist zu sehen, daß der Goldpreis auch parallel mit den Aktienmärkten steigen kann! 1982/83 war das der Fall. Er nahm damit schon Inflationsgefahren, Zinssteigerungen und die Schwäche der Aktien von 1984 vorweg. Ende 1983 und 1984 fiel er jedoch wieder und kündigte damit die starke Aktienhausse von 1985 an.

Regel: Steigt der Goldpreis, während die Anleihezinsen noch keine Trendwende von sinkend auf steigend vollzogen haben, sind Gold- und Rohstoffaktien die beste Anlage.

Höchste Gefahr droht den Aktien, wenn die Anleihezinsen nach oben ausbrechen und gleichzeitig bereits ein ebensolches Signal für den Goldpreis vorhanden ist. Auch dann können (wie 1987) jedoch noch ein paar Monate vergehen, ehe es zur Baisse kommt.

8. Kapitel
Der Trend des US-Dollars – wichtiger Faktor für die Aktienkurse

Auch der US-Dollar hat sich in den letzten 8 Jahren als zunehmend wichtiger Indikator vor allem für die europäischen Börsen herauskristallisiert. Eine Aktienhausse war häufig (nicht immer!) von einem steigenden Dollarkurs begleitet; umgekehrt ging seit 1987 bisher *jeder* Baisse auch ein schwacher Dollar voraus.

Warum ist das so?

Am Dollar orientieren sich nach wie vor die meisten Weltwährungen. Wird er zu schwach, suchen sich die internationalen Anleger andere sichere Häfen und finden diese im japanischen Yen, in der DM oder auch im Schweizer Franken.

Im Falle der DM wird jedoch sofort das europäische Währungsgefüge durcheinandergebracht, wie wir schon anfangs gesehen haben. Die deutsche Exportindustrie leidet dann nicht nur wegen der Ausfuhren in Dollarländer, sondern auch, weil die DM gegenüber den europäischen Ländern als »Fluchtwährung« überbewertet ist.

Zwar können Aktienmärkte auch gegen den fallenden Dollar steigen, so zum Beispiel die europäischen Börsen 1985 und die US-Börse 1986/87. Was die Europäer betrifft, kann 1985 aber als Ausnahme gelten, denn der fallende Dollar

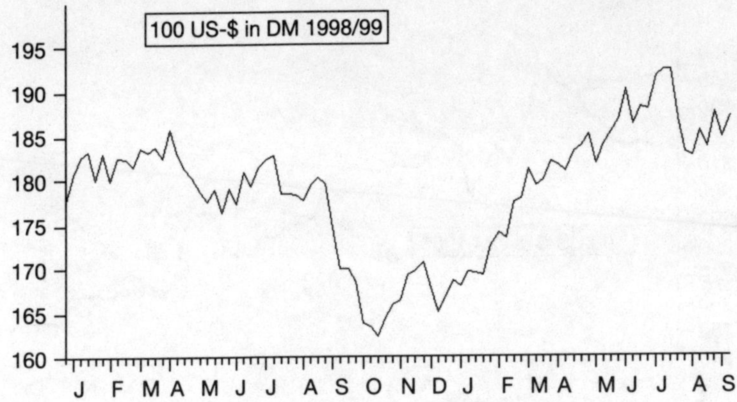

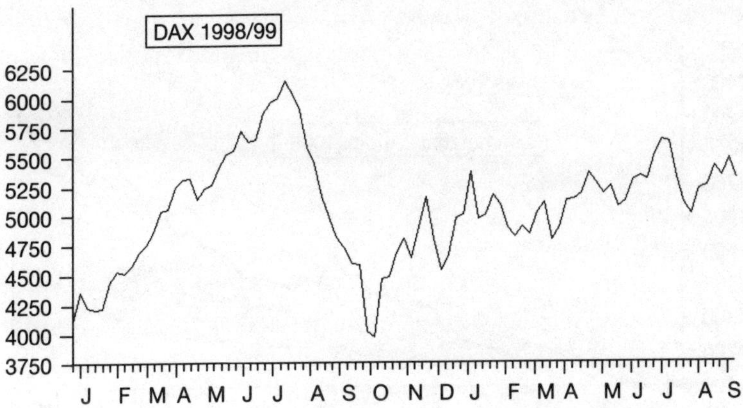

Diagramm 39: Kurse des US-Dollars und des DAX im Vergleich

wurde damals nicht als Unsicherheitsfaktor, sondern als Rückkehr zur Stabilität empfunden, nachdem er Anfang 1985 mit 3,46 DM weit überbewertet war.

Interessant war der Dollarkurs in den letzten 20 Jahren für die Aktienmärkte insbesondere dann, wenn er unter seiner Kaufkraft, die derzeit zwischen 2,00 DM und 2,35 DM geschätzt wird, gehandelt wurde.

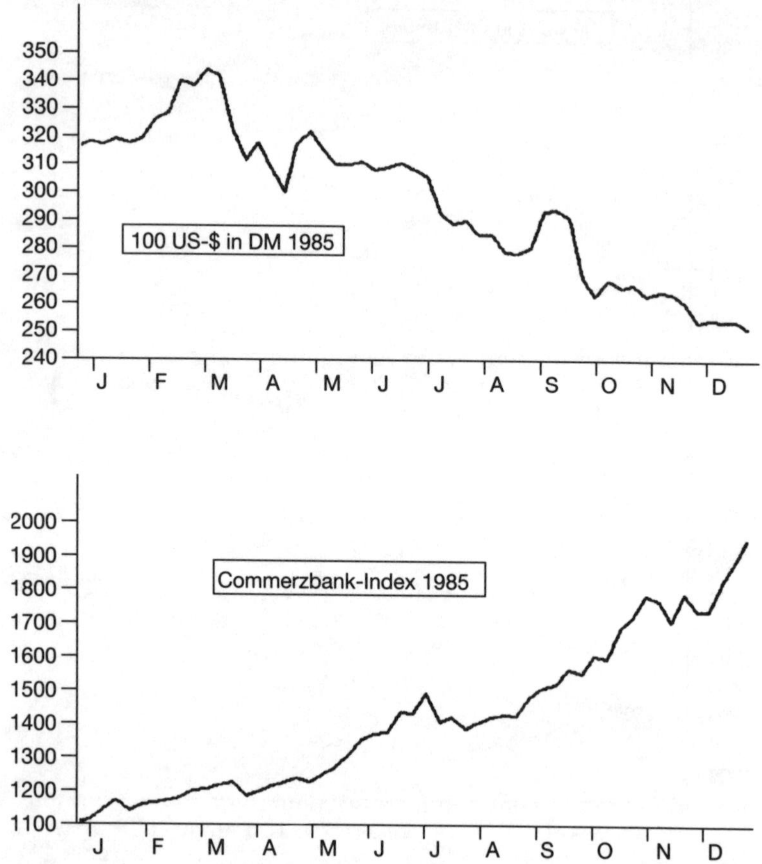

Diagramm 40: Gegenläufige Trends von US-Dollar und Deutschen Aktien 1985

Für die US-Börse selbst wurde ein fallender Dollar zwar zunächst nie als Belastung empfunden. Denn er verteuert die ausländischen Importe, fördert die US-Exporte und hilft damit der US-Wirtschaft.

Dennoch wurde auch die US-Börse meist noch von den Folgen eines Dollarverfalls heimgesucht. Die Gründe:

1. In eine Wirtschaft, deren Währung sich ständig abwertet, setzt man kein Vertrauen.
2. Eine Währung, an der sich die ganze Welt orientiert, sollte einigermaßen stabil sein, sonst geraten die Märkte weltweit aus dem Gleichgewicht.
3. Ein Dollarverfall führt in einem importabhängigen Land wie den USA immer zu höherer Inflation und damit auch zu höheren Zinsen.

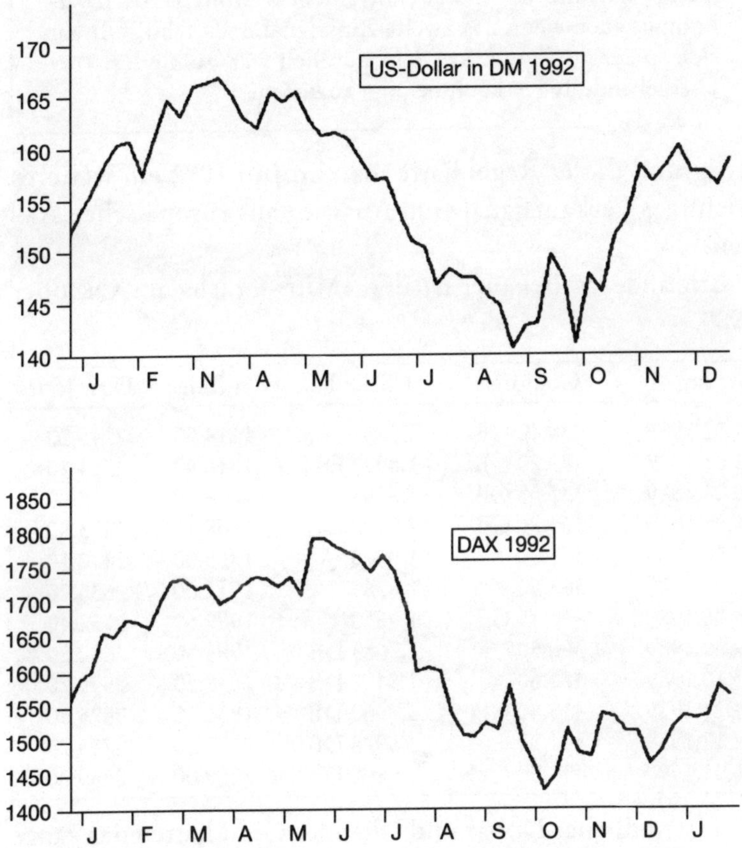

Diagramm 41: Die parallele Kursentwicklung von US-Dollar und Deutschem Aktienindex 1992

Da die Entwicklung des Deutschen Aktienindex manchmal fast aufs Haar der Dollarkurve gleicht (Beispiel: 1992), sollte man vor allem für das »kurzfristige Timing«, also die Bestimmung eines günstigen Kauf- und Verkaufszeitpunktes, die Dollarsignale besonders stark gewichten.

Tip: Beginnen Sie bereits mit Verkäufen vor allem bei europäischen Aktien, wenn erst ein Zinssignal ein 7-Monats-Hoch gemeldet hat und der Dollar mit einem 7-Monats-Tief dazukommt, auch wenn das zweite Zinssignal noch fehlt. Oft hat sich später gezeigt, daß es sehr nützlich war, zumindest vorübergehende Teilverkäufe getätigt zu haben!

Aufgrund dieser Regel hatte man im Juli 1992 ein weiteres wichtiges Verkaufsignal zum Ausstieg aus europäischen Aktien.

Ein anderes Beispiel ist der »Mini-Crash« im Oktober 1989.

Datum	Goldpreis	US-Dollar	Co-Index	Dow Jones
24.02.1989	388.40 GB	1.8287	1614.50	2245.50
31.03.1989	383.20 GB	1.8927 DH	1646.90	2294.20
28.04.1989	377.55 GB	1.8783	1716.10	2418.60
26.05.1989	365.80 GB	2.0100 DH	1708.40	2493.80
30.06.1989	373.00	1.9525	1825.00	2440.10
28.07.1989	367.50	1.8769	1912.00	2635.20
25.08.1989	360.45 GB	1.9610	1982.60	2732.40
29.09.1989	366.50	1.8683 DB	1976.50	2692.80
27.10.1989	372.60	1.8475 DB	1838.20	2596.70
24.11.1989	415.80 GH	1.7950 DB	1932.80	2675.50
29.12.1989	401.00	1.6978 DB	2190.20	2753.20
26.01.1990	418.00 GH	1.6890 DB	2209.00	2559.00

Ein freundlicher Dollar und fallendes Gold hatten das ganze Jahr 1989 über die Aktienhausse getragen, während die deutschen Zinsen ständig Warnsignale gaben.

Hätte man sich allein nach den Zinssignalen gerichtet, wäre ein Ausstieg erst Ende Januar 1990 erfolgt. Das wäre vom Timing her ganz ausgezeichnet gewesen. Aber im Oktober 1989 lag der sogenannte »Mini-Crash« dazwischen – den man voll mitgemacht hätte. Auch wenn er bald danach aufgrund der politischen Ereignisse im Ostblock wieder aufgeholt war – der Schreck wäre einem fraglos in die Glieder gefahren.

Immerhin: Der Dollar hatte Ende September sehr schön ge-

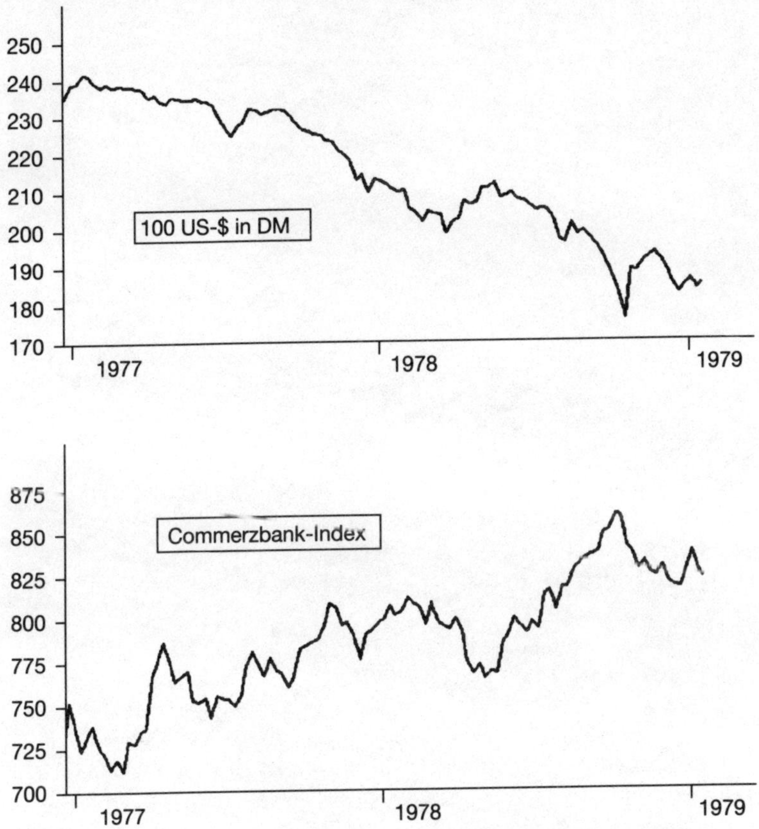

Diagramm 42: US-Dollar und Commerzbank-Index 1977 bis 1978

warnt, während man im August vom Gold sogar noch ein ermutigendes Signal bekommen hatte.
Dennoch bleibt die Erkenntnis: *Nur* aufgrund eines fallenden Dollars sein gesamtes Aktiendepot abzuräumen, hätte sich nicht immer gelohnt, wie beispielsweise die Kursentwicklung 1977/78 bewies.

9. Kapitel
Der Dow Jones Utility-Index

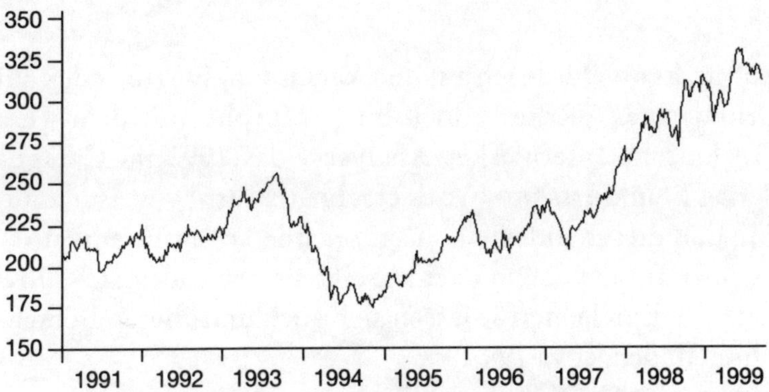

Diagramm 43: Dow Jones Utility-Index 1991 bis 1999

Was Sie im Diagramm 43 sehen, ist nicht der bekannte Dow Jones Industrial, der auf 30 Werten beruht, sondern ein Index, der nur sogenannte Versorgungswerte wie Strom- und Gasversorger umfaßt. Man nennt ihn auch den Dow Jones »Utility Average«.

Auffällig war der bereits im September 1993 einsetzende Abwärtstrend, während der Dow Jones Industrial-Index erst im Januar 1994 sein Hoch erreichte und danach »seitwärts« tendierte.

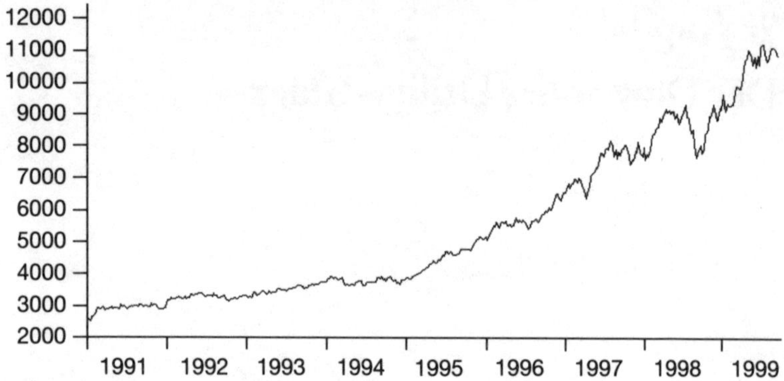

Diagramm 44: Dow Jones-Index 1991 bis 1999

Aufmerksam wurde ich auf den Versorgungswerte-Index auf Grund eines Werkes von John J. Murphy mit dem Titel »Technische Intermarket-Analyse«, das 1992 im Campus Verlag Frankfurt/New York erschien. Murphy weist darauf hin, daß dieser Index ein ausgezeichneter »Frühindikator« ist, also Trendwenden eher anzeigt als der »normale« Dow Jones. Beispiele hierfür lassen sich auch in früheren Börsenjahren finden, etwa 1987.

Aber warum ist das so? Wie können »langweilige« Versorger-Aktien dem breiten Markt den Trend vorgeben?

Der Grund: Versorgungsunternehmen haben eine relativ stabile Gewinnentwicklung und Dividendenausschüttung. Eben weil sie so »phantasielos« sind, konkurrieren sie um so mehr mit festverzinslichen Wertpapieren. Und damit sind sie enorm zinsempfindlich. Je mehr die Anleihezinsen steigen, desto mehr müssen die Kurse der Versorgeraktien sinken, damit diese Papiere als Anlage noch mithalten können.

Wir können für den Dow Jones Utility unsere bereits bewährte Monats-Schluß-Methode anwenden: Kauf bei 7-Monats-Hoch, Verkauf bei 7-Monats-Tief.

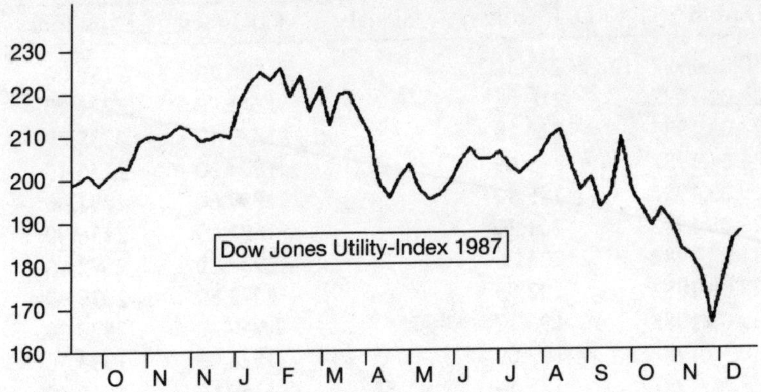

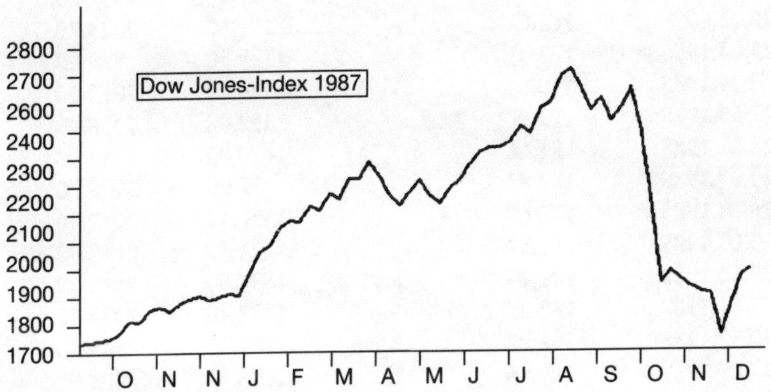

Diagramm 45: Dow Jones Utility und Dow Jones-Index 1987

Für den Zeitraum seit Mitte 1986 entstehen dabei folgende Signale:

Datum	D. J. Utility	Signal	Co-Index	Dow Jones
29.08.1986	219.15		2096.00	1898.30
26.09.1986	201.75		1985.00	1769.70
31.10.1986	209.66		1997.00	1877.80
28.11.1986	213.14		2069.00	1914.20
26.12.1986	210.83		2043.60	1930.40

Datum	D. J. Utility	Signal	Co-Index	Dow Jones
30.01.1987	223.36		1808.20	2158.00
27.02.1987	216.06		1711.70	2224.00
27.03.1987	220.18		1779.40	2335.80
24.04.1987	195.69	V	1803.70	2235.40
29.05.1987	195.80		1759.60	2291.60
26.06.1987	204.20		1891.60	2436.90
31.07.1987	203.26		1987.00	2572.00
28.08.1987	202.95		2013.50	2639.40
25.09.1987	196.17		1959.20	2570.20
30.10.1987	192.09	V	1526.00	1993.50
27.11.1987	177.16	V	1359.60	1910.50
25.12.1987	186.89		1349.60	1999.70
29.01.1988	190.02		1207.90	1958.20
26.02.1988	182.61		1391.50	2023.20
25.03.1988	173.07	V	1379.90	1979.00
29.04.1988	170.64	V	1356.20	2032.30
27.05.1988	170.87		1352.60	1956.40
24.06.1988	181.66		1430.80	2143.00
29.07.1988	182.85		1477.90	2128.70
26.08.1988	177.69		1456.10	2017.40
30.09.1988	181.54		1571.10	2112.90
28.10.1988	186.05	K	1637.00	2149.90
25.11.1988	182.37		1588.40	2074.70
30.12.1988	186.82	K	1651.90	2168.60
27.01.1989	189.96	K	1686.40	2322.90
24.02.1989	181.84		1614.50	2245.50
31.03.1989	184.03		1646.90	2294.20
28.04.1989	192.21	K	1716.10	2418.60
26.05.1989	201.16	K	1708.40	2493.80
30.06.1989	209.70	K	1825.00	2440.10
28.07.1989	219.82	K	1912.00	2635.20
25.08.1989	218.37		1982.60	2732.40
29.09.1989	216.17		1976.50	2692.80
27.10.1989	215.86		1838.20	2596.70
24.11.1989	221.58	K	1932.80	2675.50
29.12.1989	235.04	K	2190.20	2753.20
26.01.1990	218.06		2209.00	2559.00
23.02.1990	216.86		2192.00	2564.00

Datum	D. J. Utility	Signal	Co-Index	Dow Jones
30.03.1990	214.66	V	2410.00	2707.00
27.04.1990	203.72	V	2229.00	2645.00
25.05.1990	211.27		2243.00	2821.00
29.06.1990	210.01		2297.00	2881.00
27.07.1990	203.35	V	2352.00	2899.00
31.08.1990	195.93	V	1988.00	2614.00
28.09.1990	198.57		1629.00	2452.00
26.10.1990	208.69		1796.00	2436.00
30.11.1990	212.09	K	1768.00	2560.00
28.12.1990	210.07		1701.00	2629.00
25.01.1991	206.93		1675.00	2659.00
22.02.1991	215.35	K	1901.00	2889.00
29.03.1991	217.18	K	1834.00	2914.00
26.04.1991	209.82		1882.00	2912.00
31.05.1991	211.77		2035.00	3028.00
28.06.1991	196.87	V	1923.00	2907.00
26.07.1991	202.97		1895.00	2973.00
30.08.1991	208.25		1929.00	3044.00
27.09.1991	210.44		1867.00	3006.00
25.10.1991	213.51	K	1826.00	3005.00
29.11.1991	218.83	K	1815.00	2895.00
27.12.1991	220.52	K	1795.00	3102.00
31.01.1992	210.38		1934.00	3223.00
28.02.1992	205.62	V	2011.00	3268.00
27.03.1992	203.24	V	1969.00	3231.00
24.04.1992	207.69		2004.00	3324.00
29.05.1992	213.45		2036.00	3397.00
26.06.1992	209.69		1967.00	3282.00
31.07.1992	225.40	K	1799.00	3394.00
28.08.1992	219.52		1676.00	3268.00
25.09.1992	219.08		1685.00	3250.00
30.10.1992	220.14		1670.00	3226.00
27.11.1992	217.95		1695.00	3282.00
25.12.1992	223.84		1692.00	3326.00
29.01.1993	226.59	K	1744.00	3310.00
26.02.1993	240.17	K	1866.00	3371.00
26.03.1993	239.67		1854.00	3440.00
30.04.1993	239.36		1823.00	3428.00

Datum	D. J. Utility	Signal	Co-Index	Dow Jones
28.05.1993	238.36		1821.00	3527.00
25.06.1993	243.80	K	1872.00	3491.00
30.07.1993	250.00	K	1997.00	3540.00
27.08.1993	254.09	K	2091.00	3641.00
24.09.1993	248.42		2075.00	3543.00
29.10.1993	240.77		2276.00	3681.00
26.11.1993	227.00	V	2254.00	3684.00
31.12.1993	229.30		2431.00	3754.00
28.01.1994	225.42	V	2341.00	3945.00
25.02.1994	208.41	V	2280.00	3839.00
25.03.1994	202.15	V	2335.00	3775.00
29.04.1994	199.38	V	2438.00	3682.00
27.05.1994	187.58	V	2324.00	3757.00
24.06.1994	176.71	V	2172.00	3637.00
29.07.1994	183.89		2307.00	3765.00
26.08.1994	188.44		2314.00	3881.00
30.09.1994	180.66		2177.20	3843.20
28.10.1994	181.65		2188.10	3930.70
25.11.1994	179.61		2200.50	3708.27
30.12.1994	181.52		2241.10	3834.44
27.01.1995	192.20	K	2156.70	3858.00
24.02.1995	194.77	K	2241.80	4011.74
31.03.1995	187.45		2039.30	4157.69
28.04.1995	194.50		2141.30	4321.27
26.05.1995	201.03	K	2189.30	4369.00
30.06.1995	202.08	K	2205.20	4556.10
28.07.1995	204.06	K	2345.70	4715.51
25.08.1995	204.06		2365.30	4601.40
29.09.1995	214.28	K	2308.80	4789.08
27.10.1995	215.99	K	2213.40	4730.55
24.11.1995	214.14		2280.00	5048.84
29.12.1995	225.40	K	2358.90	5117.12
26.01.1996	229.18	K	2520.20	5271.80
23.02.1996	225.89		2523.00	5630.49
29.03.1996	213.94	V	2550.70	5587.14
26.04.1996	209.40	V	2583.30	5567.99
31.05.1996	209.96		2574.10	5643.17
28.06.1996	220.30		2613.50	5654.63

Datum	D. J. Utility	Signal	Co-Index	Dow Jones
26.07.1996	207.31	V	2525.10	5473.06
30.08.1996	214.36		2598.30	5616.21
27.09.1996	218.14		2709.70	5872.92
25.10.1996	223.31	K	2721.50	6007.02
29.11.1996	235.68	K	2875.20	6521.70
27.12.1996	235.95	K	2882.80	6560.91
31.01.1997	232.53		3041.40	6813.09
28.02.1997	227.29		3264.30	6877.74
27.03.1997	219.12		3472.20	6740.59
25.04.1997	209.47	V	3412.40	6738.87
30.05.1997	222.00		3561.60	7331.04
27.06.1997	225.60		3786.70	7687.72
25.07.1997	231.88		4235.80	8113.44
29.08.1997	231.77		3807.90	7622.42
26.09.1997	239.38	K	3963.80	7922.18

Die Signale sind nicht unfehlbar, wie das Jahr 1997 zeigte, aber als zusätzliches Hilfsmittel zu empfehlen. Dabei sind diejenigen Monate besonders wichtig, bei denen am Ende des Vormonats ein Signal durch ein neues Hoch oder Tief erfolgte. Für diese Folgemonate ist die Trefferquote besonders hoch.

Imponierend zum Beispiel das Verkaufssignal Ende Juli 1990, kurz vor der durch Saddam Hussein ausgelösten scharfen Baisse.

Das Kaufsignal im Januar 1995 war sogar wesentlich schneller und für die US-Börse erfolgreicher als das Signal der Treasury-Bonds im März.

10. Kapitel

Auf der Suche nach guten Ratgebern bei der Aktienauswahl

Im ersten Teil haben wir uns bei der Aktienauswahl damit begnügt, erstklassige Qualitätsaktien auszuwählen, die nach Branchen und Ländern breit gestreut sind. Wer mit solchen sicheren Aktien, die in ihrer Kursentwicklung weitgehend dem Verlauf der Landesdurchschnitte entsprechen, ins Rennen geht, muß sich nicht darum kümmern, ob die Aktien gut stehen oder ob ein Titel getauscht werden sollte. Er steigt ein, wenn ein Zinssignal klingelt, und steigt aus, wenn beide Zinssignale nach der Monats-Schluß-Methode zum Verkauf geklingelt haben.

Das hat viel für sich. Man schläft ruhig, denn die Ratschläge der Medien, der Banken und der Börsengurus werden keinesfalls befolgt, ungeachtet ihrer Qualität oder der Interessen, die möglicherweise dahinter stehen.

Bleibt man dabei allerdings nicht konsequent, ist es außerordentlich schwer, sich solchen Ratschlägen und Stimmungen zu entziehen!

Wer jedoch bei »seinen« zu Beginn der Hausse gewählten Aktien bleibt, die er nicht nach Gefühl, sondern nach Qualität und repräsentativen Ländern und Branchen zusammengestellt hat, ist in einer starken Position. In aller Regel wird er feststellen, daß er mit seiner Konsequenz besser gefahren ist, als wenn er ständig je nach allgemeiner Stimmungslage hin und her getauscht hätte.

Die Risiken der »Neuen«

Fragen Sie Ihre Bank, welche Aktien Sie kaufen sollen, werden Ihnen gern sogenannte »Neuemissionen« angeboten. Das sind entweder neue Aktien »alter« Unternehmen oder Aktien von Gesellschaften, die neu an die Börse kommen, um sich über Anleger eine größere Kapitaldecke zu verschaffen.

In der Schweiz und in Deutschland hat es in den letzten Jahren etliche Neuemissionen gegeben, zum Beispiel *Clariant* und *Merck* oder die *Telekom*. Ist es ratsam, sich an solchen Börsenneulingen zu beteiligen?

Zunächst einmal gilt: Wer neue Aktien anbietet, braucht Geld, will die Eigenkapitalbasis stärken oder – bei Familienunternehmen ist dies oft der Fall – einfach Kasse machen. Das Motiv, Anlegern einen Gefallen zu tun, spielt eine deutlich geringere Rolle.

Ob sich eine Neuemission zu einem Renner oder zu einem Flop entwickelt, ist zunächst nicht absehbar.

In den 70er und 80er Jahren hatte man sich oft um Neuemissionen gerissen, weil man wußte, daß hier in der ersten Zeit aktive »Kurspflege« durch die Banken stattfand, so daß man als Anleger anfangs kaum ein Kursrisiko hinnehmen mußte, wenn man Anteile zeichnete. Allerdings bekam man meist deutlich weniger Stücke als gewünscht.

Dieses Anlegervertrauen wurde in den 90er Jahren oft schwer enttäuscht. Ein Beispiel hierfür, stellvertretend für viele andere, ist die Skandalgeschichte der B.U.S.-Aktie.

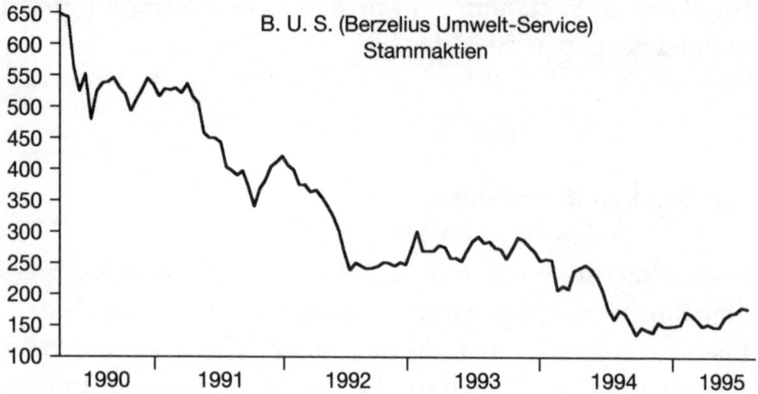

Diagramm 46: Kursentwicklung der B.U.S.-Stammaktie 1990 bis Juli 1995

Um Anlegern, die ein sogenanntes »ethisches Investment« suchen, einen »lupenreinen Umweltschutzwert« präsentieren zu können, kam die Metallgesellschaft auf die Idee, einige Unternehmensteile auszugliedern, unter dem Namen B.U.S. zusammenzufassen und am 5. Februar 1990 an der Börse zu hohem Kurs zu versilbern. In Wirklichkeit waren diese Beteiligungen nur einen Bruchteil des Emissionspreises pro Stammaktie von 330 DM wert, wie eine Sprecherin in einer späteren Hauptversammlung im März 1995 einräumte: »Der riesigen Bilanzsumme, die durch aufgeblähte Beteiligungswerte zustandekam, stand ein völlig ungenügender Umsatz gegenüber.« Man hätte schon bei der geringen Unternehmensgröße (damals 140 Beschäftigte) stutzig werden müssen.

Aber solche Faktoren spielten zunächst keine Rolle. »Ethik-Fonds« nebst Anlegern, die sonst Aktien für Teufelswerk halten, standen bereit, um »endlich mal mit gutem Gewissen eine Aktie kaufen zu können«. Selbst der Fundamentalanalytiker Prof. Reinhard Schmidt gab in seinen Unternehmenstests im *manager magazin* der B.U.S bis 1994 regelmäßig Bestnoten (1994 Platz 71 von 500 deutschen Unternehmen bezüglich Rendite, Sicherheit und Wachstum), obwohl er angesichts des Kursverfalls längst hätte bemerken müssen, daß mit diesem Unternehmen etwas nicht stimmte.

Ethisches Verhalten in der Wirtschaft schätze ich hoch ein, aber es kommt vor allem darauf an, ob ein Unternehmen nach ethischen Gesichtspunkten *handelt.* Daß Unternehmen nur deshalb ethisch »sauber« seien, weil sie sich mit der Verwertung von Stahlwerkstäuben, Aufarbeitung von Aluminium-Salzschlacken, Recyclingtechniken und Aufarbeitung von Kabelschrotten befassen, wäre unreflektiertes Schwarz-Weiß-Denken. Sind andere Unternehmen, von deren Produkten wir leben und mit denen wir umgehen, etwa zwielichtig? Hierin scheint mir eine Doppelmoral zu liegen.

Die Emission am 5.2.1990 war ein noch größerer Erfolg für die Metallgesellschaft als erwartet. Die »ethisch saubere« B.U.S.-Aktie kletterte im Zuge der Wiedervereinigungseuphorie auf über 650 DM. Seither wurde Kasse gemacht. Die »Ethik-Käufer«, von denen viele die Aktie noch heute haben, wurden durch Kursverluste um viel Geld gebracht. Ihren Tiefstand erreichte die Aktie 1994 bei 120 DM. Danach erholte sie sich mit Hilfe eines neuen Managements unter Ausklammerung der Metallgesellschaft vorübergehend auf knapp über 200 DM. Ob der Emissionskurs je wieder erreicht wird, ist ungewiß.

An den Jubelartikeln von Zeitungen oder Bankprospekten darf man sich bei Neuemissionen keinesfalls orientieren, weil all die genannten Fakten ja bekannt und dann im Ausgabekurs enthalten sind. Wird der Kurs gar, wie neuerdings üblich, im Bookbuilding-Verfahren (also nach Angebot und Nachfrage) ermittelt, wird sich das Unternehmen sogar besondere Mühe geben, sich entsprechend herauszuputzen, weil dann mehr Geld in die Kassen fließt.

Besonders negativ stieß mir auf, daß in einigen Fällen offenbar mehrere an einer 1995er Emission beteiligte Banken ihre Kunden anriefen und ihnen die Aktien geradezu aufdrängten. Jemand berichtete mir sogar, daß ihm empfohlen wurde, andere Aktien zu verkaufen, um bei der Neuemission einsteigen zu können. Sicher: Die Banken haben die Verpflichtung übernommen, die Aktien unters Volk zu bringen. Dafür werden sie bezahlt. Aber sind sie dann noch neutrale Kundenberater?

Auch wenn es in den 90er Jahren – wie etwa im Falle Fielmann und SGL Carbon – recht erfolgreiche Neuemissionen mit fairen Ausgabepreisen gab, habe ich mich persönlich aus all den genannten Gründen nie an Neuemissionen beteiligt.

Börsenbriefe: Tummelplatz der Stimmungsmacher?

Wem soll man nun glauben, wenn man eine bessere Rendite erzielen will, als dem Index entspricht? Sind vielleicht Börsenbriefe eine Hilfe?

Ich bin in dieser Frage sicher befangen, denn ich gebe ja selbst einen Börsenbrief heraus. Ich möchte deshalb nicht grundsätzlich gegen diese Branche sprechen, obgleich ich oft entsetzt bin, mit welch starken Worten bestimmte Verfasser gegen Währungsunion, Standort Deutschland, Banken und Gewerkschaften (die angeblich an allem Schlimmen, was Anlegern in Deutschland widerfahren kann, schuld seien) zu Felde ziehen.

Das zum Teil unverantwortliche Schüren von Ängsten, verbunden mit Schmeicheleien gegenüber dem Anleger (»Sie werden um Ihre sauer verdienten Spargroschen gebracht ...«, »Sie als fleißig arbeitender Mensch werden kein Verständnis dafür haben, daß ...«, mit anschließender Stimmungsmache gegen »Krankmacher«, »Neider« und »Wirtschaftsflüchtlinge«), verdummt den Leser und schadet der Branche Börsenbrief sehr. Ich habe Verständnis dafür, wenn das *manager magazin* in seinem jährlichen Test feststellt, daß sich das Abonnement der Mehrzahl dieser Schriften einfach nicht lohnt, weil es sein Geld nicht wert ist.

Ein guter Börsenbriefautor sollte nicht den Anleger entmündigen, sondern politisch sachlich bleiben; er sollte sich nicht als Guru aufspielen, sondern den Lesern klare Richtlinien nennen und Material zur Hand geben, nach denen sie ihre eigenen Entscheidungen treffen können.

Tips zur Aktienanlage mit kühlem Kopf

Wenn ich nun im folgenden für engagierte Börsianer zusätzliche Kriterien für die Aktienauswahl entwickle, heißt das nicht, daß ich Sie auffordern möchte, ständig an Ihrem Depot herumzudoktern. Im Zweifelsfall sollten Sie lieber nichts verändern und nur auf die Zinssignale hin kaufen und verkaufen!

Wenn Zinsen und Goldpreis sinken

Bevorzugt kaufen: Finanztitel (Banken, Versicherungen, Broker).

Es sollten aber beide Zinstrends zuletzt Kaufen signalisiert haben!

Keinesfalls kaufen: Rohstoffaktien (Goldaktien, Ölaktien, Nichteisen-Metalle).

(Hier aber Vorsicht: Viele Unternehmen sind weitgehend diversifiziert und keine reinen Rohstoffwerte mehr, z.B.

Norsk Hydro, Alusuisse, Elf Aquitaine, Degussa. Nicht überhastet aussteigen, wenn der Goldpreis fällt!)

Wenn der Dollarkurs steigt

Kaufen: europäische, vor allem deutsche Exporttitel (Maschinenbau, Automobilindustrie, auch japanische Exportwerte, wenn der Dollar auch gegenüber dem Yen steigt).

Wenn der Dollarkurs fällt (aber sonst noch Kaufsignale vorhanden sind)

Dollarländer (USA, Hongkong, Singapur) favorisieren! Auf einen fallenden Dollar reagieren exportintensive Werte wie die Flugzeugbauer Boeing, McDonnell, United Technologies und Bombardier (Kanada) sowie die Computer- und Elektronikbauteile-Hersteller (IBM, Texas Instruments, Intel) eher positiv!

An den europäischen Märkten und in Japan sollten Sie allenfalls Finanztitel kaufen (und auch dies nur bei sinkenden Zinsen oder sinkendem Goldpreis).

Auch Kaufhäuser- und Einzelhandelsunternehmens-Aktien reagieren nicht dollarempfindlich und können gehalten werden.

Bei exportintensiven Werten (Auto, Maschinenbau) ist hingegen Vorsicht geboten.

Wenn der Goldpreis steigt (aber die Zinsen noch nicht eindeutig steigen):

Dies ist die Zeit der Rohstoffaktien (Goldminen, Öltitel, NE-Metalle) und Rohstoffländer (Kanada, Australien, Südafrika, Norwegen).

Konjunkturzyklische Aktien wie Automobile und Maschinenbauer können Sie noch halten, Finanztitel sollten Sie allmählich verkaufen.

Das sind einige Kriterien, um die Aktienauswahl für sein Depot zu verbessern. Dennoch sollte ein Depot genügende Ausgewogenheit aufweisen. Denn beispielsweise kann sich der Trend des Dollarkurses auch kurzfristig mehrmals ändern. Ein Anleger, der dann jedesmal sein Depot umschichtet, zahlt nur unnötig Bankspesen.

Ein Umtausch von Aktien kann allerdings aufgrund der »relativen Stärke« geboten sein. Damit wollen wir uns in den folgenden Kapiteln näher beschäftigen.

11. Kapitel
Zur »relativen Stärke« von Aktien

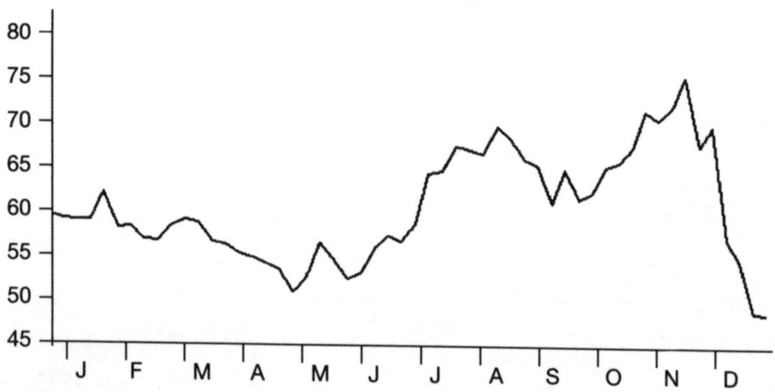

Diagramm 47: Entwicklung des Aktienkurses der Metallgesellschaft 1993. Man beachte nicht nur den Absturz im Dezember, sondern auch die bereits im November einsetzenden »Insiderverkäufe«!

Am Montag, den 13. Dezember 1993 kam das Desaster: Einen Kursverlust von 10 % mußte die Metallgesellschaft an jenem Tag hinnehmen, als die Schieflage einer kanadischen Tochtergesellschaft bei Öl-Termingeschäften bekannt wurde.

Niemand, außer Insidern, konnte vorher davon wissen. Dennoch war der Kurs der Metallgesellschaft schon Wochen vorher recht schwach, ohne daß man es sich erklären konnte.

Es ist immer wieder interessant, zu beobachten, wie

schlechte Nachrichten sich schon im Vorfeld an der Börse auswirken. Offenbar wissen einige Insider doch mehr und handeln, obwohl es verboten ist.

Aber auch der Kleinanleger ist nicht ganz schutzlos. Daß irgendetwas mit einem Unternehmen nicht stimmt, kann daran bemerkt werden, daß die Aktie selbst in einer Hausse nicht richtig »zieht« und in der Baisse besonders schwer gebeutelt wird. Es geht hier um die »relative Stärke« von Aktien.

In meiner relative-Stärke-Liste der 30 deutschen DAX-Aktien war die Metallgesellschaft am 6. Dezember 1993 auf Platz 27 zu finden. »Fundamental« war nichts sonderlich Negatives bekannt; nach Rendite-, Sicherheits- und Wachstumskriterien lag das Unternehmen laut Prof. R. Schmidt , der für das *manager magazin* jährlich fundamental orientierte Ranglisten wichtiger europäischer Unternehmen erstellt, auf Platz 17 der 30 DAX-Werte.

Anfang 1995 wurde der Kurs des bekannten deutschen Maschinenbauers KHD an der Börse ausgesetzt. Außer einigen Insidern hatte niemand die bedrohliche Lage von KHD gekannt. Die Staatsanwaltschaft prüfte, ob die hohen Umsätze vor der Kursaussetzung auf verbotene Insidergeschäfte hindeuteten.

Etwas kurios wirkte da eine Kaufempfehlung des *Aktien Brief* der Volks- und Raiffeisenbanken für KHD, die vorher verfaßt worden war und just erschien, als der Kurs ausgesetzt wurde. Von einer »erfreulichen Orderentwicklung« und einer »innovativen Produktpalette« war die Rede. Auf dem »gedrückten Niveau« von 115,50 sei die Aktie kaufenswert.

Als der *AktienBrief* frisch in den Schalterhallen auflag, war KHD gerade noch gut die Hälfte wert. Für die armen Redakteure des Anlegerbriefes war das zwar peinlich, »Insiderwissen« hatten sie nun wirklich nicht. Aber eine solche Pleite kann Fundamentalanalytikern, die in erster Linie von Gewinnen und Bilanzen her denken, nun einmal passieren. Die eigentlichen Probleme und Chancen werden bei ihrer Art der Analyse oft nicht erkannt und können auch nicht erkannt werden.

Unser wichtigster Maßstab bei der Aktienauswahl darf nicht heißen: Welche Unternehmen haben zur Zeit eine gute Presse oder geschickte Bilanzbuchhalter? Sondern: *Welche*

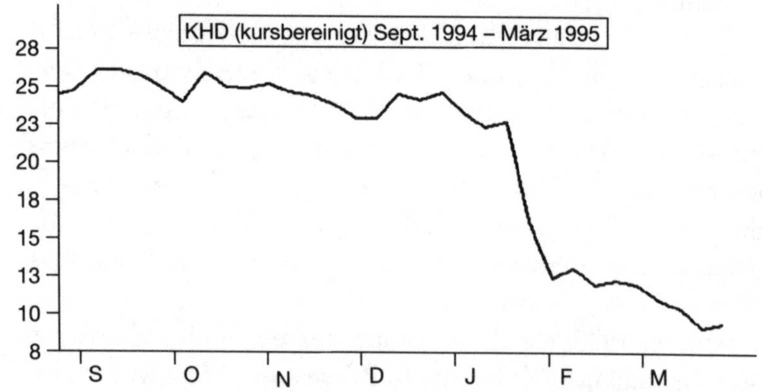

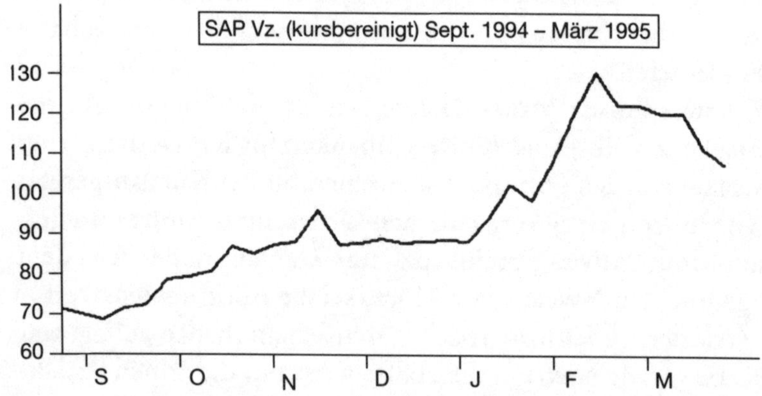

Diagramm 48: Welche der beiden Aktien hätten Sie am 31. März 1995 von Gefühl her verkauft?

Aktien werden zur Zeit von den Großanlegern wirklich gekauft?

KHD lag in meiner letzten RS-Liste deutscher Nebenwerte vor der Kursaussetzung auf Rang 112 von 150 Aktien, also im hinteren Drittel. Eine Aktie, die sich dort befindet, sollte in der Regel aus dem Depot entfernt werden – auch ohne Insiderwissen!

Im März 1995, als die Zins-Kaufsignale kamen, lag die Versuchung nahe, bei KHD nun zu den »billigen« Kursen einzusteigen, wie es Börsenneulinge gern tun.

Richtig war aber der Einstieg bei einer scheinbar schon »davongezogenen Aktie« wie SAP.

KHD verlor bis zum Jahresende 1995 noch einmal 7 % im Kurs, SAP gewann 104 %.

Um die relative Stärke von Aktien zu errechnen, gehen wir (wie schon im »Aktien-Berater« dargelegt) folgendermaßen vor:

Nehmen wir an, Sie hätten vor einem Jahr 100 Dollar gehabt und hätten die Hälfte sofort, die andere Hälfte 6 Monate später in einer Aktie angelegt. Wieviel Dollar wäre Ihre Anlage nach den Kursbewegungen der letzten 12 bzw. 6 Monate heute wert?

Die errechnete Zahl, zum Beispiel 114,52 Dollar für die Commerzbank-Aktie (im unteren Beispiel am 2. August 1993) bezeichnet die Stärke der Aktie. Wenn wir nun nach demselben Schema die Stärke anderer Aktien berechnen, können wir eine Rangliste erstellen, in der die stärkste Aktie vorne liegt, die schwächste an letzter Stelle.

Die Abrechnung erfolgt in US-Dollar, damit *alle* Aktien samt Indices währungsbereinigt miteinander verglichen werden können.

Betrachten wir eine solche Liste (in diesem Fall die 30 DAX-Werte plus DAX-Index) an einem praktischen Beispiel. Ende Juli 1993, als die deutsche Aktien-Hausse unmittelbar vor der stärksten Aufwärtsbewegung stand, präsentierte sich folgende Rangfolge:

Deutschland DAX-Werte
Relative Stärke (veröffentlicht in *Börsensignale* am 2.8.93)

1. Commerzbank	114.52	17. Hoechst	99.13
2. Dt. Babcock	110.74	18. Preussag	99.02
3. VIAG	108.32	19. RWE	98.66
4. Schering	108.29	20. Bayer	98.53
5. Lufthansa	107.06	21. Linde	98.24
6. Dresdner Bank	104.48	22. Daimler	97.25
7. BASF	104.12	23. VEBA	97.06
8. Allianz	103.73	24. Bayr. Hypobank	95.72
9. Mannesmann	103.25	25. Metallges.	95.50
10. Kaufhof	102.93	26. Siemens	95.32
11. Deutsche Bank	102.45	27. BMW	94.67
12. VW	102.43	28. Continental	91.66
13. DAX-Index	102.37	29. Karstadt	91.59
14. Degussa	101.80	30. MAN	89.85
15. Bayr. Vereinsbk.	101.14	31. Henkel.	86.10
16.Thyssen	101.11		

Die Entwicklung der vier stärksten und der vier schwächsten Titel sah in den drei Monaten darauf wie folgt aus:

Commerzbank	+14,9%	Continental	+6,8%
Dtsch. Babcock	+20,0%	Karstadt	+8,4%
VIAG	+11,0%	MAN	+9,8%
Schering	+26,5%	Henkel	+12,0%

Zunächst könnte man annehmen, die jeweils letzten 6-12 Monate sagten nichts über die *künftige* Entwicklung aus. In der Tat gibt es hierfür keine Gewähr. Aber man erlebt immer wieder aufs neue, wie starke Aktien stark und schwache schwach bleiben.

Als ich am 5. Februar 1996 die Schweizer Sandoz zum Kauf empfahl und einen Monat später der Kurs aufgrund der Fusion mit Ciba-Geigy explodierte, unterstellten mir einige Leser der *Börsensignale* schon Insider-Wissen bzw. hellseherische Fähigkeiten.

Dabei beruhte meine Empfehlung lediglich auf der »relativen Stärke«. Die Aktie lag auf Platz 2 der Schweizer RS-Liste (hinter der schon empfohlenen Schwz. Rück). Man konnte sehen, daß sich wichtige Anleger für das Papier interessierten. Wenn dann auch noch die fundamentalen Daten stimmen, reicht das für eine Kaufempfehlung aus.

Aber auch die ewigen Verlierer an der Börse sind mit Hilfe der RS-Liste gut zu erkennen. Denn die schwachen Aktien werden aus gutem Grund vernachlässigt. Die Flops der letzten Jahre wie Metallgesellschaft, Escom, Bremer Vulkan, Dörries Scharmann, Günther, Linotype, Pfaff und Traub sowie von Biber und Interdiscount (Schweiz) waren längst in unserer RS-Liste ablesbar, ehe die negativen Meldungen kamen und die Kurse weiter nach unten drückten.

Wenn sich, wie gezeigt, zu Beginn einer Hausse der Blick auf die relative Stärke lohnt, wie sieht es dann aus, wenn das Kursniveau schon sehr hoch ist?

Ob die Aufwärtsbewegung schon sehr weit fortgeschritten ist, erkennt man in den Listen daran, ob die meisten Aktien bereits einen RS-Wert von über 100 vorweisen können.

Richtig ist, daß in einer solchen Situation die Aktien auf den vorderen Plätzen nicht mehr blind gekauft werden können, denn die Großanleger sind dann weitgehend schon investiert. In dieser Zeit sollte man auch als Privatanleger nicht noch ständig nachkaufen wollen. Hier sind die Listen wichtig, um rechtzeitig schwache Aktien zu erkennen, die man umtauschen muß.

Faustregel: Was im hinteren Drittel der RS-Liste eines Landes liegt, gehört aus dem Depot entfernt!

Handelt es sich um fundamental abgesicherte, erstklassige Standardwerte, kann man sich zweifellos noch etwas Zeit lassen und bessere Tageskurse abwarten. Aber man sollte nicht monatelang warten und zögern, wenn eine Aktie nicht anspringt. Denn Vorsicht: Was in der Hausse nicht stieg, wird in der folgenden Baisse oft schlimm gebeutelt!

Eine naheliegende Frage ist, wie man die Stärke von Aktien erkennt, wenn man über keine Relative-Stärke-Liste verfügt. Dazu gibt es eine einfache Möglichkeit: Nehmen Sie eine Zeitung, die im Kursteil die Jahreshochs und -tiefs jeder Aktie mit angibt!

Als Beispiel wählen wir den Beginn der Hausse von 1995, der auf Ende März fiel. Hätten Sie von den folgenden Aktien einige zum Kauf ausgewählt? Wenn ja: Welche Aktie hätten Sie gekauft?

Aktie	Kurs (in DM)	Jahreshoch	Jahrestief
Dtsch. Babcock	155	205	151
Fresenius St.	875	885	765
Glunz	131	163	131
Coca Cola (USA)	81	82	75
Carrefour (Frankr.)	655	668	578
Lafarge (Frankr.)	97	112	94
L'Oreal (Frankr.)	350	351	308

Als Börsenneuling hatte ich mich immer gewundert, wenn ausgerechnet *meine* ausgewählten Papiere nicht steigen wollten. Es dauerte eine gewisse Zeit, bis ich bemerkt hatte, daß es an meinem Anfänger-System lag: Stets wollte ich die Aktien »unten« kaufen, also diejenigen, die nahe am Jahrestief notierten. Die schon »davongezogenen« mied ich.

Beurteilen Sie selbst anhand der Kurse ein Jahr später (29.03.1996; angepaßt an inzwischen erfolgte Kapitalumstellungen), welche Aktien aus unserer Liste man hätte auswählen müssen:

Dtsch. Babcock	90,8
Fresenius St.	2715
Glunz	85,2
Coca Cola (USA)	123,90
Carrefour (Frankr.)	1080
Lafarge (Frankr.)	95,8
L'Oreal (Frankr.)	453

Natürlich ist es möglich, daß auch bisher starke Aktien schwach werden und umgekehrt. Als geübter Anleger schichtet man daher nicht wegen einer vorübergehenden Kursschwäche gleich um. Aber die Chance, erfolgreich investiert zu haben, ist zweifellos größer, wenn man auf die relative Stärke achtet.

12. Kapitel
MSM als Stop-Signal für einzelne Aktien

Wie ein Anleger sein Depot monatlich überwachen und dabei die Monats-Schluß-Methode auf einzelne Werte anwenden kann, sei an einem Beispiel aus dem Jahre 1992 erklärt.

Wir erinnern uns, daß es in diesem Jahr im Sommer zu einer scharfen Aktienbaisse vor allem in Europa kam. Die MSM-Methode klingelte Ende Juli – etwas spät – weltweit zum Ausstieg, gab jedoch Ende August – zum Teil etwas verfrüht – bereits wieder ein Kaufsignal.

Versetzen wir uns nun in die Lage eines Anlegers, dessen Depot folgende Aktien enthalten hätte:

Siemens, Ciba-Geigy, Boeing, Coca Cola, sowie Hongkong & Shanghai Banking.

> *Regel:* Sinkt eine Aktie unseres Depots auf ein 7-Monats-Tief nach der MSM-Methode, dann entfernen wir sie sicherheitshalber aus dem Depot.

Datum	Siemens	Ciba-G.	Boeing	Coca Cola	HSBC
27.12.91	623,50	638	46,12	40,06	35,25
31.01.92	660,80	648	50,87	38,75	37,50
28.02.92	688,30	682	46,00	40,87	42,75

Datum	Siemens	Ciba-G.	Boeing	Coca Cola	HSBC
27.03.92	670,00	682	43,62	41,37	40,25
24.04.92	687,50	702	45,50	40,50	41,00
29.05.92	699,10	704	43,87	44,00	47,75
26.06.92	664,90	646	39,87	39,75	48,00

Befinden sich Aktien auf einem 7-Monats-Tief? Bis jetzt ist dies nur bei Boeing der Fall.

Ein ungeübter Anleger würde sich hier wohl dagegen sträuben, ausgerechnet die Aktie umzutauschen, mit der er am meisten verloren hat. Wieviel verlockender erscheint es, die Gewinne bei HSBC mitzunehmen!

Wie die weitere Entwicklung aber zeigt, halten Trends meist länger an, als die meisten Anleger vermuten. »Der Trend ist dein Freund«, sagt eine alte amerikanische Börsenregel. Sehen wir uns an, wie es im Juli weiterging:

Datum	Siemens	Ciba-G.	Boeing	Coca Cola	HSBC
31.07.92	624,30	662	39,87	41,87	54,00

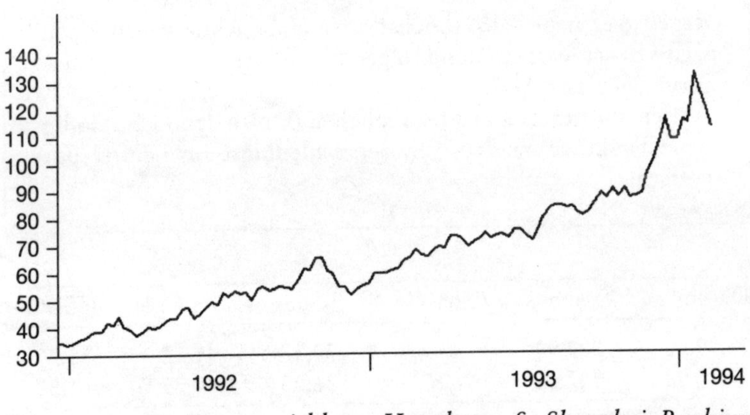

Diagramm 49: Kursentwicklung Hongkong & Shanghai Banking (HSBC Holding) Januar 1992 bis Februar 1994

Zu diesem Zeitpunkt gab auch das MSM-Hauptsignal ein Zeichen zum *allgemeinen* Ausstieg. Unabhängig davon hätte man die Siemens-Aktie nun ohnehin verkaufen müssen, da sie, ausgehend vom 31.01.92, ein Siebenmonatstief meldete.

Datum	Siemens	Ciba-G.	Boeing	Coca Cola	HSBC
28.08.92	586,30	631	37,37	43,37	54,50

Nehmen wir an, man hätte am 31. Juli tatsächlich alle Aktien verkauft. Welche von diesen fünf Werten kämen nun nach dem Zins-Kaufsignal am 28. August für eine möglichen Wiedereinstieg in Frage?

Gewiß sind es nicht Siemens, Ciba-Geigy oder Boeing, die allesamt Ende August nach MSM neue Verkaufsignale meldeten.

Die relativ stärkste Aktie war bis jetzt HSBC. Aber bringt es ein Anleger fertig, »zu diesen Höchstkursen«, wie es scheinen mag, nochmals einzusteigen, nachdem er erst einen Monat zuvor auf leicht tieferem Niveau verkauft hatte?

> *Regel:* Auf neue Jahreshöchstkurse einer Aktie gegen einen weltweit schwachen Trend folgen fast immer weitere Kurssteigerungen dieser Aktie.
> Aktien, die bei weltweit freundlichen Börsen dennoch ständig neue Tiefkurse melden, gehören schleunigst aus dem Depot entfernt.

Datum	Siemens	Ciba-G.	Boeing	Coca Cola	HSBC
25.09.92	582,90	635	35,37	41,12	55,50
30.10.92	557,00	607	36,25	40,75	61,50

Gewinne laufen lassen, Verluste glattstellen! Das ist eine altbekannte Regel, die sich auch in diesem Beispiel wieder bewährt hätte. Und doch bedarf es immer wieder großer Überwindung, sich an diese Regel zu halten.

Unser MSM-System soll dabei helfen, diese innere Kraft aufzubringen. Denn wer vom hektischen Tagesgeschehen genügend Abstand hält und es tatsächlich fertigbringt, sich nur einmal im Monat die Kurse anzusehen, hat schon halb gewonnen.

13. Kapitel
Aktien vergessen?

»Vergessen Sie Aktien!« Mit dieser provokativen Aufforderung warb in den letzten Jahren ein Börsenbrief um neue Leser. Dahinter stand vermutlich die Frage, wozu sich denn Anleger eigentlich die Mühe machen sollten, einzelne Aktien auszuwählen, wenn es einerseits ohnehin so schwierig sei, den Index zu schlagen, andererseits durch Terminbörsen, Optionen und Indexzertifikate genügend Instrumente zur Verfügung stünden, um auf Aktien verzichten zu können.

Optionen und Optionsscheine

Am 23. Juni 1995 starteten 2 Anleger mit rund 7000 DM.

Anleger A kaufte 10 Siemens-Aktien zum Kurs von 693 DM, die ihn einschließlich Spesen 7000 DM kosteten. Am 1. Februar 1996 war ein Kurs von 840 erreicht, 10 Siemens-Aktien waren nun also 8400 DM wert. Gewinn: 20 %.

Anleger B kaufte für seine 7000 DM an der Deutschen Terminbörse 17 Kontrakte (17x50 Stück, Stückpreis 8 DM) Siemens-Calls Basis 800 zum Termin 15. März 1996. Zum 1. Februar 1996 war der Stückpreis von 8 DM auf 42,50 DM gestiegen; damit waren die 17 Siemens-Call-Kontrakte 36.125 DM wert. Gewinn: 516 %.

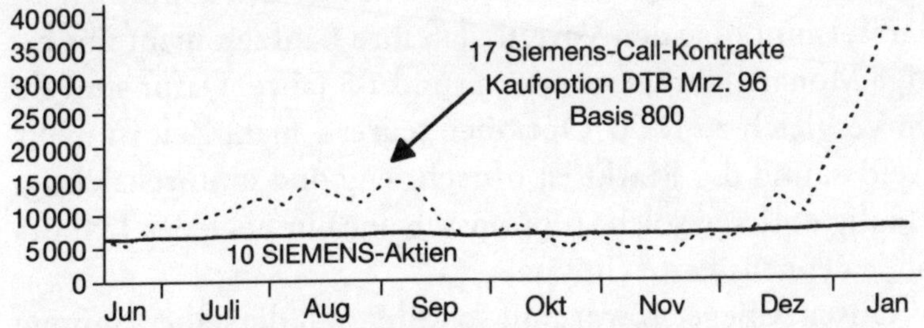

Diagramm 50: Gegenüberstellung der Kursentwicklung der Siemens-Aktie und einer Siemens-Option

Was genau sind Optionen und Optionsscheine, mit denen solche Renditen möglich werden?

Wer eine Option kauft, erwirbt sich ein Recht, eine Aktie bis zu einem bestimmten Termin (Verfallstag) zu einem bestimmten, bereits feststehenden Preis (Basispreis) kaufen zu dürfen. Eine solche Kaufoption nennt man auch *Call.* (Mit ihrem Gegenstück – der Verkaufsoption oder *Put* – beschäftigen wir uns im nächsten Kapitel.)

Die Option kostet sehr viel weniger als die zugrundeliegende Aktie. Sie wird ebenfalls täglich gehandelt, aber die Kursschwankungen sind – bezogen auf ihren eigenen Preis – um ein Vielfaches höher als bei der Aktie. An der Deutschen Terminbörse werden Aktienoptionen in sogenannten »Kontrakten« zu je 50 Stück gehandelt. Ein solcher Kontrakt umfaßt also 50 Aktienoptionen. (Ein Kontrakt von DAX-Optionen, die man auch handeln kann, umfaßt 10 Stück.)

In der Schweiz und in Österreich gibt es ebenfalls jeweils eine Terminbörse, Soffex bzw. ÖTOP genannt, an der Aktienoptionen und Indexoptionen gekauft und verkauft werden können.

Neben solchen Optionen an der Terminbörse werden auch zahlreiche *Optionsscheine* gehandelt, die meist von Banken ausgegeben werden. Sie haben gegenüber den Optionen an der Terminbörse den Vorteil, daß ihre Laufzeit nicht nur einige Monate beträgt, sondern rund 1-5 Jahre. Dafür sind sie im Vergleich zu DTB-Optionen teurer – mehr Zeit ist mehr Geld –, und der Markt ist oft sehr eng und undurchsichtig. Häufig notieren solche Optionsscheine nur noch per Taxkurs ohne nennenswerte Umsätze.

Unser Anleger B war nun so kühn, mit derselben Summe in eine heftig schwankende Siemens-Option einzusteigen wie Anleger A in die Siemens-Aktie.

Auf den ersten Blick sieht der Käufer der Siemens-Aktien recht »dumm« aus. Wenn er der Meinung war, daß die Siemens-Aktie steigen würde – wieso hat er sich dann mit 20 % Gewinn begnügt, wenn er doch bei Einsatz desselben Betrages 516 % hätte erzielen können? Im Diagramm 50 sind die Kursveränderungen der Aktie mit bloßem Auge kaum festzustellen. Ganz anders der »dynamische« Siemens-Call an der DTB.

Im Nachhinein ist man natürlich immer klüger. Anleger A war keineswegs der Dümmere. Er wollte lediglich das hohe Risiko nicht eingehen, das mit dem Kauf von Optionen verbunden ist, während Anleger B offenbar einen Totalverlust der 7000 DM bewußt in Kauf nahm. Der Totalverlust hätte B gedroht, wenn die Siemens-Aktie am 3. Freitag im März (15.03.1996) unter dem »Basispreis« von 800 DM notiert worden wäre. Damit mußte Mitte November gerechnet werden. Während sich Anleger A zu diesem Zeitpunkt immer noch eines leichten Gewinns erfreute, betrugen die Kursverluste bei B immerhin fast 50 %! Wer über ein sechsstelliges

Anlagekapital verfügt, kann vielleicht einmal ein solches Risiko eines Totalverlustes von 7000 DM eingehen. Aber eine sinnvolle Anlagealternative für größere Beträge ist das nicht.

Erfahrene Anleger kennen die Hebelwirkung, die Chancen und Gefahren. Börsenneulinge stellen sich die Gewinnmöglichkeiten häufig zu einfach vor. Weil eine Option einen »Zeitwert« hat, der mit Näherrücken des Verfallstermins abnimmt, verlieren Käufer von Optionen schon dann, wenn sich die zugrundeliegende Aktie *weder* aufwärts *noch* abwärts bewegt. Aus diesem Grund enden im Durchschnitt rund 70 % aller Optionen mit schwerem Verlust.

Es versteht sich also von selbst, daß bei solchen hochspekulativen Risikopapieren nicht dieselben Beträge wie sonst bei Aktienkäufen eingesetzt werden dürfen, sondern allenfalls 5 % des Anlagekapitals, im vollen Bewußtsein, daß hier ganz leicht der gesamte Einsatz verlorengehen kann.

Index-Futures

Wenn Sie einen DAX-Future (in der Schweiz entsprechend: SMI-Future; in Österreich: ATX-Future) kaufen oder verkaufen, handeln Sie mit dem DAX-Index.

Beispiel: Anleger Forsch besitzt Ende 1995 ein Anlagekapital von rund 200.000 DM, mit dem er deutsche Aktien kaufen will. Er hat jedoch keine Zeit, sich über die Qualität einzelner Unternehmen und über die relative Stärke der Aktien zu informieren. So beschließt er, ganz schlicht »den DAX« zu kaufen.

Ein DAX-Future-Kontrakt bezieht sich immer auf 100 DAX-Anteile. Am Jahresende 1995 stand der DAX bei 2253,38 Punkten. Kauft Herr Forsch also einen DAX-Future, dann entspricht dies Aktienkäufen im Wert von 225.338 DM.

Es gibt aber zwei Unterschiede zum normalen Kassa-Geschäft:

1. Beim Kauf ist nichts zu bezahlen. Herr Forsch kann also seine gesamten 200.000 DM weiterhin kurzfristig als Festgeld anlegen. Es sind lediglich Sicherheiten zu stellen, die garantieren, daß er in der Lage ist, eventuelle Verluste aus dem Geschäft auch bezahlen zu können. In der Regel reicht ein Festgeldguthaben von 40.000 DM als Sicherheitsleistung für *einen* DAX-Future-Kontrakt aus. Es ist auch möglich, Aktien oder festverzinsliche Wertpapiere als Sicherheit zu verpfänden.

2. Die Abrechnung erfolgt im vereinbarten Monat (März, Juni, September, Dezember) zum DAX-Schlußkurs des dritten Freitags. Zu diesem Termin wird die Differenz zwischen dem Einstiegskurs und dem dann erreichten Kurs verrechnet.

Vor dem Kauf des DAX-Future erkundigt sich Anleger Forsch nun bei seiner Bank nach den Terminkursen für die Monate März, Juni und September.

Der Bankberater erklärt ihm: »Der März-DAX steht bei 2278,50. Der Juni-DAX liegt bei 2291,50. Und für den September-DAX gab es heute zwar noch keine Umsätze, aber er wurde auf 2310 Punkte gestellt.«

»Wieso haben DAX-Futures höhere Kurse, je weiter sie zeitlich vom Kassa-DAX entfernt sind? Wieso ist das nicht jeweils derselbe Kurs?« fragt Herr Forsch.

Der Bankberater, der sich gut auskennt, erklärt ihm: »Der Terminkurs ist immer höher, je weiter der Termin entfernt ist. Denn Sie als Käufer kaufen ja im Grunde genommen mit 100 % Kredit eine größere Anzahl Aktien, die Sie erst in einigen Monaten abrechnen müssen. Der höhere Terminkurs ist sozusagen das Entgelt für die eingesparten Zinsen. Zum Abrechnungstermin sind aber Kassa-DAX und Termin-DAX identisch.«

Anleger Forsch überlegt sich, welchen Abrechnungstermin er nun wählen soll. Er möchte ja nicht spekulieren, sondern seinen Kontrakt mindestens sechs Monate halten, damit eventuelle Kursgewinne wie beim normalen Aktiengeschäft steuerfrei bleiben.

»Kann ich auch den September-Termin wählen, obwohl es da bisher keine Umsätze gibt?« fragt er.

»Sicher können Sie das«, meint der Bankberater. »Die Deutsche Terminbörse ist ja verpflichtet, auf Anfrage einen Kurs zu stellen. Ich rate Ihnen, 2310 als Kurslimit anzugeben.«

Forsch kann nach Abschluß des Kontraktes jederzeit wieder zum Kurswert des DAX-September-Terminkontraktes aus dem Geschäft aussteigen. Jeder Punkt, den der DAX steigt bzw. fällt, bringt ihm 100 DM Gewinn bzw. Verlust ein. Ein Kursanstieg des DAX von beispielsweise 100 Punkten bedeutet 10.000 DM Gewinn. Spätestens am 20. September 1996 (der dritte Freitag) muß das Geschäft abgerechnet werden.

Eröffnung eines DAX-Kontraktes mit einem Verkauf

Mit Hilfe eines DAX-Future kann man auch auf *fallende* Kurse setzen bzw. seine Aktienbestände gegen Kursverluste absichern. Das geschieht auf die Weise, daß der DAX-Future zunächst *verkauft* und später zurückgekauft wird.

Auch hierzu ein Beispiel: Anleger Achtsam besitzt Ende 1994 für rund 200.000 DM Aktien, vor allem deutsche Titel. Der DAX steht am 30.12.94, dem letzten Tag des Börsenjahres, bei 2106,58. Der weiteren Kursentwicklung sieht Anleger Achtsam angesichts der 1994 gestiegenen Zinsen mit großen Bedenken entgegen.

Andererseits möchte er seine Aktien nur ungern verkaufen, weil er von deren langfristiger Qualität überzeugt ist. Er beschließt, sein Aktiendepot durch den Verkauf eines DAX-Future abzusichern. Und so wurde der DAX-Future am 30.12.1994 notiert:

	Hoch	Tief	Schluß	Settlement	Umsatz
Mrz	2118	2098	2110	2112	7733
Jun	2137	2125	2136	2132,5	1011
Sep	2145	2145	2145	2158	11

Der Settlement-Kurs ist derjenige Kurs, zu dem an diesem Tag die meisten Umsätze zustande kamen. Damit ist er dem Kassakurs beim deutschen Aktienhandel vergleichbar.

Anleger Achtsam hat einen Juni-Kontrakt zum Kurs 2132,5 verkauft. Sein Depot ist damit gegen Kursverluste abgesichert.

Nach drei Monaten, Ende März 1995, sieht die Lage von den Zinsen her jedoch bedeutend freundlicher aus. Herr Achtsam beschließt, am Freitag, dem 31.März, aus dem Kontrakt auszusteigen, den Kontrakt also, wie es an der Börse heißt, zu »schließen«.

Der DAX ist bis zum 31.03. in der Tat auf 1922,59 gefallen. Ein Aktiendepot von 200.000 DM, das wie der DAX zusammengesetzt wäre, hätte einen Verlust von 17.468 DM erlitten.

Der DAX-Future Juni 1995 steht am 31.03.95 bei 1940.

Wie sieht nun die Rechnung für Anleger Achtsam aus? (Die Spesen bei Öffnen und Schließen betragen je 154 DM.)

Die Differenz zwischen Verkauf und Kauf des DAX-Kontrakts beträgt 2132,50 – 1940,00 = 192,50 Punkte. Multipliziert mit dem Faktor 100 ergibt dies einen Gewinn von

19.250 DM. Abzüglich 2 x 154 DM Spesen verbleiben 18.942 DM.

Damit hat Achtsam seine Verluste beim Aktiendepot mehr als ausgeglichen.

Fragen und Antworten zum DAX-Future

1. *Wie konnte Anleger Achtsam am 30.12.94 etwas verkaufen, was er gar nicht hatte?*
   Es ist nicht nötig, einen Futurekontrakt zu besitzen, um ihn verkaufen zu können. Der Anleger verpflichtet sich erst zum Juni-Termin zum Verkauf. Aber der Preis ist schon vereinbart. Anleger Achtsam ist eine Verpflichtung eingegangen, die er einhalten muß. Das gilt für Kauf wie Verkauf.

2. *Wie können die Anleger Forsch und Achtsam ihre Kontrakte jederzeit einfach »schließen«? Sie sind doch eine Verpflichtung eingegangen. Am dritten Freitag des Termin-Monats kann doch erst abgerechnet werden?*
   Richtig. Aber niemand kann ihnen verbieten, jederzeit ein Gegengeschäft zum gleichen Termin abzuschließen. Hat ein Anleger sich zum Beispiel ursprünglich verpflichtet, zum Juni-Termin zu *verkaufen*, so verpflichtet er sich später, zum Juni-Termin zu *kaufen*. Da sich beide Geschäfte gegenseitig aufheben, ist der Kontrakt »geschlossen«.

3. *Wie hoch sind die Spesen beim Kauf oder Verkauf eines DAX-Future?*
   Dies ist allerdings nur ein Richtwert, da sich die genauen Beträge immer wieder ändern und auch je nach Ge-

bührensätzen der ausführenden Banken unterschiedlich hoch liegen.
Die gängige Spesensätze betragen (Stand: Mitte 1996):
1 DAX-Kontrakt öffnen (Kauf oder Verkauf): 154 DM
1 DAX-Kontrakt schließen (Kauf oder Verkauf): 154 DM
Wer gleich zwei oder drei Kontrakte abschließt, zahlt weniger. Aber für den normalen Kleinanleger ist ein DAX-Kontrakt schon sehr viel. Bei einem DAX-Stand von 2500 kauft er bei einem Kontrakt praktisch auf Kredit Aktien für 250.000 DM.
Bezogen auf diesen Betrag sind die Spesen sehr gering: für Öffnen und Schließen zusammen nur 0,14 %. (Bei herkömmlichen Aktienkäufen zahlt der Privatanleger gewöhnlich insgesamt 2,7 %!)

4. *Welche Sicherheitsleistung wird gefordert, um mögliche Verluste abzudecken?*
Es muß ein gewisser Betrag bereitliegen, der dann bis zum Schließen des Kontraktes gesperrt bleibt. Man spricht hier von dem »Margin«.
Sie können einfach ein Festgeldkonto sperren lassen; etwa 40.000 DM pro Kontrakt dürften genügen. Ihre Bank errechnet täglich neu, wie hoch das Margin sein muß, je nachdem ob Sie mit Ihrem Kontrakt im Gewinn oder Verlust liegen. Notfalls müssen Sie Ihre Sicherheitsleistung erhöhen, wenn das Margin nicht mehr reicht.

5. *Wie hoch ist denn das Risiko?*
Bei einem Verkauf des DAX ist das Risiko unbegrenzt, wenn der Verkäufer nicht Aktien im Depot hat, die etwa der DAX-Zusammensetzung und dem Wert eines Kontraktes entsprechen. Denn der DAX könnte theoretisch um ein Vielfaches steigen.

Bei einem DAX-Kauf wäre der schlimmste (theoretisch denkbare) Fall, daß der DAX auf Null fällt.
In jedem Fall muß immer die Differenz zum Einstiegskurs voll ausgeglichen werden.

6. *Wieso spricht man eigentlich von einem »Future« (deutsch: Zukunft)?*
Weil es um ein Geschäft geht, das erst in der Zukunft abgerechnet wird.

Index-Zertifikate

Für viele Anleger mag es attraktiv sein, direkt den Index kaufen zu können, ohne sich um einzelne Aktien kümmern zu müssen. Allerdings kommt für den Kleinanleger mit einem Depot um 50.000 DM ein DAX-Future mit dem Wert der fünffachen Summe kaum in Frage. Er hat jedoch die Möglichkeit, sich sogenannte »Index-Zertifikate« zu kaufen. Diese werden von Banken herausgegeben, die dafür garantieren, daß das Zertifikat wie ein Index zusammengesetzt ist und sich im Kursverlauf wie der zugrundeliegende Index verhält. Nicht nur auf den DAX gibt es Index-Zertifikate, sondern auch auf viele andere bekannte Indizes: Swiss Market-Index (Schweiz), S&P 500 (USA), FT 100 (England), CAC 40 (Frankreich), IBEX 35 (Spanien), MIB 30 (Italien) und Hang-Seng-Index (Hongkong), um nur einige zu nennen.

Im Unterschied zu Anlegern, die nur auf den DAX-Future setzen, können sich Käufer von Zertifikaten ein über mehrere Länder breit gestreutes Depot zulegen, ohne einzelne Aktien mit ihren positiven und negativen Überraschungen besitzen zu müssen.

Diese Zertifikate haben zwar ähnlich wie Optionsscheine nur eine begrenzte Laufzeit von ein bis fünf Jahren. Die herausgebenden Institute verlängern aber in der Regel ein abgelaufenes Zertifikat auf einen neuen Termin, ohne hierfür zusätzliche Spesen zu verlangen. Damit sind Index-Zertifikate als langfristige Anlage gut geeignet. Die geschätzten künftigen Dividenden werden schon beim Ausgabekurs berücksichtigt.

Der Handel mit Index-Zertifikaten wird vermutlich an Bedeutung gewinnen, wenn gewährleistet ist, daß die Märkte breit genug sind, um auch größere Verkäufe verkraften zu können. Nichts wäre ärgerlicher für den Kleinanleger, als wenn er nach seinem Verkaufsauftrag feststellen müßte, daß von dem Zertifikat nur Tax- oder Briefkurse notiert werden. Hier steht dem Zertifikatenmarkt die Bewährungsprobe noch bevor.

Außerdem meine ich, daß der Kauf von *Einzelaktien* noch aus einem anderen Grund vorzuziehen ist. Es macht einfach mehr Spaß, wenn man »seine« Unternehmen auswählen kann und mit Hilfe unserer »Relative-Stärke-Methode« besser abschneidet als der Index. Wer aber dafür keine Zeit aufwenden möchte, sondern sich mit den Einstiegs- und Verkaufszeitpunkten nach der MSM-Methode begnügen will, kann es mit Index-Zerfikaten versuchen.

14. Kapitel
Auf Baisse spekulieren?

Bei Verkaufsignalen tritt immer die Frage auf: Wohin mit dem Erlös aus Aktienverkäufen?

Festverzinsliche Wertpapiere darf man nicht kaufen, wenn die Anleihezinsen steigen. Termingelder bieten zu Beginn einer Baisse noch zu wenig Anreize. Ende Juni 1996 mußte man sich beispielsweise bei monatlichen Festgeldern in Deutschland mit Renditen von 2½ % bis 3 % zufriedengeben.

Es ist aber durchaus möglich, in Erwartung einer Aktienbaisse auf fallende Kurse zu setzen. Man könnte zum Beispiel Futures auf Index-Kontrakte verkaufen, wie im letzten Kapitel erläutert wurde. Alternativ könnte man Optionen kaufen, die von *fallenden* Aktien- oder Indexkursen profitieren. Solche Optionen nennt man *Puts.*

Sehen wir uns einmal an, wie es gekommen wäre, wenn wir in den letzten zehn Jahren bei Verkaufsignalen nach der MSM voll auf Baisse gesetzt hätten. Blättern wir also noch einmal in das 4. Kapitel zurück und betrachten die dort angegebenen Signale und Kurse .

Ende Juli 1987 hätten wir etwa zwei Monate zittern müssen. Die Aktienhausse schien sich trotz steigender Zinsen fortzusetzen. Mit Put-Scheinen hätte man bis Ende August zunächst kräftig verloren.

Wer dann aber die Nerven behielt und bis Mitte Oktober weiter engagiert blieb, konnte hohe Gewinne einfahren.

Sehr viel größere Probleme hatte der Baisse-Spekulant 1990. Die Verkaufsignale waren Ende Januar da. Es kam zwar zu heftigen Kursschwankungen, aber in der Mehrzahl der Länder stiegen die Aktien bis Mitte Juli weiter.

Sechs Monate, in denen man schief zu liegen schien, sind eine lange Zeit. Manche Optionen sind dann bereits fast wertlos geworden.

Zwar kam die Baisse noch – im August 1990 –, aber zu diesem Zeipunkt hatten wohl schon viele Anleger, die darauf spekuliert hatten, längst die Nerven verloren und waren mit Verlust ausgestiegen.

1992 wiederum kam die Ende Juli angekündigte und bereits im Gang befindliche Baisse fast zu schnell. Viele Anleger waren hier vermutlich der Meinung, zunächst seien Kurserholungen angesagt, nachdem deutsche Aktien schon im Juli stark an Wert verloren hatten. Wer willens war, auf Baisse zu spekulieren, wollte hier vielfach zuerst höhere Kurse abwarten. Diese kamen aber nicht. Vielmehr ging es im August noch steiler als vorher bergab, und dies wurde selbst von pessimistischen Börsenteilnehmern in diesem Tempo nicht erwartet.

1994 lief es für diejenigen, die nach dem Verkaufsignal Ende März voll auf Baisse setzten, nicht viel besser. Zunächst mußten sie in den folgenden zwei Monaten neue historische Höchststände beim DAX verkraften, ehe sich im Juni das Blatt wendete. Aber die Hoffnungen auf eine Fortsetzung der Baisse im zweiten Halbjahr 1994 zerschlugen sich bald. Trotz eines fallenden Dow Jones Utility, trotz eines schwachen US-Dollars, der oft der Garant für einen fallenden DAX war, fielen die Kurse weder in Deutschland noch in den USA weiter. Eine »Seitwärtsbewegung« ließ die Kurse der Puts bald dahinschmelzen. Der DAX gab zwar im März 1995 wegen des schwachen Dollarkurses noch einmal deutlich nach, aber in den USA wurde bereits die neue Hausse eingeläutet.

Fazit: Baisse-Spekulationen mit Put-Scheinen oder gar dem Verkauf von Index-Futures sind außerordentlich schwierig und nervenaufreibend. Selbst wenn die Hinweise auf eine Baisse sich häufen, kommt diese selten zum erwarteten Zeitpunkt.

Der Verkauf von Optionen an der Terminbörse (Stillhaltergeschäfte)

Wer von einer Abwärts- oder Seitwärtsbewegung an der Börse Nutzen ziehen will, dem empfehle ich, es einfach so zu machen wie die großen Emissionsbanken: *Verkaufen* Sie Kaufoptionen (Calls)!

Der *Verkäufer* eines Call setzt auf gleichbleibende oder leicht fallende Kurse. Die Zeit arbeitet für ihn. Aber er hat nach Erhalt der Prämie keinerlei weitere Kurschancen mehr. Er muß bis zum vereinbarten Termin »stillhalten«.

Besitzen Sie zum Beispiel 50 Siemens-Aktien, dann können Sie an der Terminbörse einen Kontrakt auf den Kauf von 50 Siemens-Aktien *verkaufen*, zu einem bestimmten Preis zu einem bestimmten Termin. Ihr Kontrahent zahlt Ihnen dafür eine Prämie, daß er das Recht hat, Ihnen die Aktien zum vereinbarten Preis abkaufen zu dürfen. Ihnen macht das nichts aus, weil Sie ohnehin eher fallende Kurse erwarten und mit der Prämie Ihre Aktien nun gegen die Kursverluste abgesichert haben. Sie rechnen damit, daß die Option als wertlos verfallen wird, weil der Kontrahent bei niedrigeren Kursen kein Interesse mehr an Siemens-Aktien zum vereinbarten »Basispreis« hat.

Am liebsten sind dem Stillhalter langweilige »Seitwärts-Börsen«, an denen die Kurse nur leicht nach oben und unten schwanken. Denn der Zeitwert der Option wird immer geringer und die Chance des Stillhalters immer größer, die Prämie ganz oder teilweise behalten zu können, ohne daß er anderweitig Verluste erleiden würde.

Frage: Wenn ein Unternehmen während der Laufzeit des Call eine Dividende zahlt, wem gehört sie: dem Call-Käufer oder dem Stillhalter?

Dem Stillhalter. Diese Tatsache ist in der Höhe der Prämie bei Kontraktabschluß meist schon berücksichtigt.

Frage: Ist ein solches »Stillhaltergeschäft« auch möglich, ohne Aktien zu besitzen?

Ja, zum Beispiel wenn Sie DAX-Calls verkaufen. Denn den DAX können Sie als solchen ja gar nicht »besitzen«. Die Banken verlangen dann jedoch ebenso wie beim Future entsprechende Sicherheiten. Man sollte »ungedeckte« Verkäufe von Calls nur auf den DAX, nicht auf einzelne Aktien abschließen. Denn bei einzelnen Unternehmen sind immer Überraschungen möglich. Wenn sich ein Kurs verzehnfacht, muß der Stillhalter auch die entsprechende Differenz voll tragen.

Bei DAX-Calls wird zum Termin natürlich nicht »geliefert«, sondern die Differenz verrechnet.

Fallbeispiel: Verkauf eines DAX-Call

Nehmen wir an, Sie haben Anfang Mai eines Jahres verschiedene deutsche und andere europäische Standardaktien für rund 130.000 DM in Ihrem Depot, dazu rund 30.000 DM Festgeld, das mit 3 % verzinst wird. Der DAX steht bei etwa 2530.

Sie gehen nun zu Ihrer Bank und sagen: »Ich verkaufe 5 Kontrakte (=50 Stück) DAX-Calls Dezember, Basispreis 2400, zum Kurslimit von ungefähr 220 DM an der DTB. Zur Ermittlung des genauen Limits sehen Sie bitte nach, wie die Option gerade gehandelt wird!«

Haben Sie einen guten Berater in Ihrer Bank, wird er sofort wissen, was Sie wollen und worum es Ihnen geht. »Aha, ein Stillhalter-Geschäft«, wird er vielleicht sagen, »was bieten Sie als Sicherheit?«

Sie können dann Ihr Festgeld anbieten, dem Sie noch die Prämie, die Sie erhalten werden, hinzufügen können. Ihr Berater liest nun in seinem Monitor den derzeitigen Kurs ab, gibt ihn als Limit ein und leitet den Auftrag an die Deutsche Terminbörse (DTB) weiter.

Was passiert nun, wenn das Geschäft zum Preis von 220 DM zustande gekommen ist?

Zunächst erhalten Sie Ihre Prämie: 50 x 220 = 11.000 DM (abzüglich Spesen).

Im Gegenzug gehen Sie die Verpflichtung ein, am 3. Freitag im Dezember für jeden Punkt, den der DAX über dem Basispreis 2400 steht, 50 DM zu zahlen. Bei DAX 2500 zahlen Sie also 5000 DM, bei DAX 2600 zahlen Sie 10.000 DM, bei DAX 3000 zahlen Sie 25.000 DM.

Bei einem DAX-Stand unter dem Basispreis, also 2399 oder tiefer, zahlen Sie nichts. Die Option ist wertlos verfallen.

Risiko des Stillhaltergeschäftes

1. Fall: Der DAX bewegt sich bis Dezember seitwärts und steht immer noch bei 2530.

Sie zahlen 6500 DM von Ihrer Prämie (11.000 DM) zurück. Ihr Gewinn nach Spesen beträgt noch gut 4000 DM. Ihre Aktien haben sich vermutlich mindestens so gut wie der DAX entwickelt, also gehalten. Sie haben eine zusätzliche Rendite erwirtschaftet.

2. Fall: Der DAX ist bis Dezember gestiegen, beispielsweise auf 2.650 Punkte.

Das ist nicht weiter tragisch. Sie müssen jetzt zwar 12.500 DM zahlen, verlieren also Ihre Prämie und einschließlich Spesen noch fast 2000 DM zusätzlich. Aber da der DAX um 4,75 % gestiegen ist und Ihre Aktien doch bestimmt nicht schlechter als der DAX abgeschitten haben, liegt Ihr Depot jetzt auch mit 4,75 % im Gewinn, also bei 136.000 DM. Auch hier rund 4000 DM Gewinn unter dem Strich. Das Ergebnis wäre dasselbe, auch wenn der DAX (und Ihr Depotwert!) noch mehr geklettert wäre.

3. Fall: Der DAX ist bis Dezember auf 2.300 Punkte gefallen, Ihr Depot hat ebenfalls 8 % verloren und steht bei 119.600 DM.

Die DAX-Calls sind wertlos, Ihre Prämie können Sie voll behalten. Sie reicht gerade aus, um die Kursverluste Ihres Depots auszugleichen.

Es ist übrigens ratsam, nicht den Verfallstag der Calls abzuwarten, sondern die Kontrakte kurz vorher zu geringem Kurs zurückzukaufen. Dann haben Sie einen Verkauf und Kauf getätigt, der bei 6 Monaten Zwischenzeit steuerfrei sein sollte. Kaufen Sie nicht zurück, könnten deutsche Steuerbeamte auf die Idee kommen, Sie hätten eine zu versteuernde Prämie erhalten.

Sie können auch vorher jederzeit aussteigen, wenn Ihnen das Geschäft zu brenzlig wird; natürlich immer zum jeweils aktuellen Kurswert.

Kleines Quiz zu Stillhaltergeschäften

(Lösung auf Seite 186)

1. Stillhaltergeschäfte lohnen sich vor allem dann,

   a. wenn die Aktienkurse keine klare Richtung haben
   b. wenn die Aktienkurse heftig schwanken
   c. wenn die Aktienkurse steil aufwärts bzw. abwärts gehen

2. Bei welchem der drei folgenden Stillhaltergeschäfte ist das theoretische Risiko am größten?

   a. Beim ungedeckten Verkauf eines DAX-Puts
   b. Beim ungedeckten Verkauf eines DAX-Calls
   c. Beim gedeckten Verkauf des Calls einer bestimmten Aktie

3. Bei welcher Börsenkonstellation könnte sowohl der Verkauf eines Call als auch eines Put (doppeltes Stillhalter-Geschäft) interessant sein?

   a. Kurz vor einem vermuteten »Crash«
   b. In der Baisse vor einer vermuteten kräftigen Kurserholung
   c. Vor einer vermuteten Konsolidierung nach einer Aufwärts- bzw. Abwärtsbewegung

4. Wofür sind Stillhalter-Geschäfte *nicht* das geeignete Instrument?

   a. Kurzfristige Spekulation (1-2 Wochen)
   b. Absicherung kurzfristiger Schwankungen
   c. Nutzung langweiliger »Seitwärts-Börsen«

5. In wieviel Prozent aller Optionsgeschäfte an der Terminbörse gewinnt statistisch gesehen der Stillhalter?

   a. 40 % aller Geschäfte
   b. 50 % aller Geschäfte
   c. 70 % aller Geschäfte

6. Wie kann der Stillhalter aus seiner Verpflichtung herauskommen?

   a. Gar nicht
   b. Indem er den Kontrakt zum Kurswert zurückkauft und damit schließt
   c. Indem er dem Optionskäufer die doppelte Stillhalterprämie zurückzahlt

Maßnahmen zur Verlustbegrenzung des Stillhalters

Es ist psychologisch oft schwer, kurzfristige Schwankungen bei ungedeckten Stillhaltergeschäften (Verkauf einer Option) auszuhalten, da der Verlust theoretisch gegen unendlich gehen kann, zum Beispiel wenn man keine Aktien besitzt, aber einen DAX-Call verkauft.

Man kann die Verlusthöhe jedoch auf zwei Arten begrenzen:

a) indem man eine entsprechende Zahl Aktien hält. Steigt der DAX, so steigen vermutlich auch die eigenen Aktien.

Bei einem DAX von rund 2500 bezieht sich ein Kontrakt auf 25.000 DM. Für etwa diese Summe muß man also Aktien halten. Dann handelt es sich im Grunde um ein »gedecktes Stillhaltergeschäft«, auch wenn Sie nicht genau die Aktien haben, die der exakten Zusammensetzung des DAX entsprechen.

b) indem man eine Option »weit aus dem Geld« zusätzlich *kauft.* Man kauft und verkauft also eine Option zum selben Termin, aber zu unterschiedlichen Basispreisen.

Beispiel: Nehmen wir an, der DAX stünde Mitte Mai eines Jahres bei rund 2540. Der Call Dezember zum Basispreis 2400 kostet etwa 225 DM. Dieser wird *ver*kauft. Das ist Ihr *eigentliches Stillhaltergeschäft.*

Dieses Geschäft ist jedoch ungedeckt, wenn Sie keine Aktion haben, die etwa der DAX-Zusammensetzung entsprechen. Daher wird nun noch ein DAX-Call mit Basispreis 2700 *ge*kauft. Er kostet 60 DM. Die Preisdifferenz dieser beiden Optionen beträgt 165 DM, das sind 10 Kontrakten à 10 Stück 16.500 DM (minus Spesen).

Wenn der DAX am Ende der Laufzeit nun bei 2400 oder darunter liegt, beträgt Ihr Geamtgewinn 16.500 DM. Für jeden Punkt über 2400 vermindert sich dieser um 100 DM- Liegt der DAX am Ende der Laufzeit bei 2700 oder darüber, so beträgt Ihr Verlust 13.500 DM (30.000 minus 16.500). Das ist Ihr maximaler Verlust, weil bei einem noch höheren Index-Stand Ihr Call 2700 greift.

Das gesamte Beispiel berücksichtigt im übrigen noch keine Spesen (rund 400 DM; wird glattgestellt, der Kontrakt also geschlossen, so betragen sie insgesamt rund 800 DM).

Auflösung des Stillhalterquiz

1a
2b
3c
4a
5c
6b

Zusammenfassende Empfehlungen für Aktionen an den Terminbörsen

Wenn man steigende Kurse erwartet, sollte man auf Termingeschäfte verzichten und ganz einfach starke Aktien aus Ländern kaufen, die sich im Aufwärtstrend befinden.

Put-Verkäufe auf den DAX sind möglich, aber wenig lukrativ, und Calls werden wertloser, wenn sich der Börsenaufschwung verzögert oder Rückschläge kommen.

Allenfalls könnte man Puts auf Deutsche Bank, Siemens, Daimler, Allianz usw. verkaufen, wenn man vor der Hausse noch Seitwärtstrends erwartet. Dann läßt man sich bei Fälligkeit die Aktien liefern und hat sich den Kauf bezahlen lassen.

Wenn man fallende Kurse erwartet, sollte man nur in Ausnahmefällen Puts an der DTB kaufen.

Wie man 1994 besonders deutlich vorgeführt bekam, hat man keine Gewähr, daß es zu einem scharfen Kurssturz kommt, selbst wenn alle Zinsen kräftig gestiegen sind, das Gold gestiegen ist und Dow Jones Utility-Index sowie der Dollar abwärts tendieren. Puts verfallen oft schneller, als der DAX oder der US-Index Punkte verlieren.

Aber man hat eine andere Chance: Man kann die Tatsache nutzen, daß die Börsen wenn schon nicht unbedingt abwärts, so jedenfalls auch nicht aufwärts gehen:

Wenn man fallende Kurse erwartet, sollte man Festgelder halten und die Zinsen zusätzlich mit Verkäufen von DAX-Calls an der DTB (Stillhaltergeschäfte) anreichern.

Für den Einstieg in DAX-Call-Verkäufe als Stillhalter an den Terminbörsen (DTB oder SOFFEX) gelten folgende Grundregeln:

Keine Hektik! Nicht aufgrund einer negativen Stimmungslage überhastet einsteigen!

Die Zinsen sollten steigen, der Dollartrend nach unten weisen, und bei den Aktien sollte noch Euphorie herrschen. Dann ist eine Baisse-Spekulation einigermaßen sicher.

Ist hingegen die Stimmung auf dem Aktienmarkt schon sehr schlecht, sollte man warten, bis sich die Stimmung gebessert und die Aktienkurse sich etwas erholt haben.

Man wähle einen Kontrakt, der zumindest sechs Monate läuft und einen Basispreis, der rund 100 Punkte unter dem aktuellen Kurs liegt; das erhöht den Ertrag.

Läuft der Termin aus, die Kontrakte werden fällig und man muß rückzahlen, dann empfiehlt sich sehr häufig ein Glattstellen mit gleichzeitigem Neuabschluß auf einen späteren Termin, der ebensoviele Einnahmen bringt wie die Rückzahlungen betragen (sogenanntes »Rollen«).

In diesem Fall sollten aber alle Faktoren noch für weiter fallende Kurse sprechen. Liegt schon eine Trendwende bei den Zinsen vor (Zinsen sinken), dann lieber nur den Kontrakt schließen.

Zusammenfassung wichtiger Begriffe der Terminbörse

Aktienindex
Ein gewichteter Durchschnitt aus vielen Aktien eines Landes, zum Beispiel der Deutsche Aktienindex (DAX).

am Geld (Option)
Der *Basispreis der Option* liegt etwa am derzeitigen aktuellen Kurs.

aus dem Geld (Option)
Die *Option* wäre jetzt nichts wert, wenn sie bereits an dem vereinbarten Termin angelangt wäre. Der aktuelle Kurs ist für den Optionskäufer zur Zeit ungünstiger als der *Basispreis.*

Aufgeld
Der Mehrpreis in Prozent, um den eine Aktie bei Bezug über die Option teurer ist als die Aktie oder der zugrundeliegende Aktienindex selbst.

Basispreis
Vereinbarter Preis, zu dem ein Termingeschäft am Termintag abgerechnet wird.

Call
Kaufoption: das Recht, Aktien oder einen *Aktienindex* zu einem festgelegten Preis *(Basispreis)* bis zu einem bestimmten Termin kaufen zu dürfen oder die Differenz zwischen Basispreis und aktuellem Kurs erhalten zu dürfen.

Delta
Gibt an, um wieviel sich der Optionspreis bei Veränderung des Basispreises verändert.

Future
Kauf oder Verkauf einer Aktie, eines Aktienindex oder einer Ware zu einem bestimmten Termin. Bei Aktienindices wird die Differenz des aktuellen Kurses am Termintag zum Einstiegspreis verrechnet.

glattstellen
Sowohl der Käufer als auch der Verkäufer einer Option können diese jederzeit wieder zum gültigen Kurs verkaufen bzw. zurückkaufen. Dann bestehen keine Rechte und keine Verpflichtungen mehr.

Hebel
Der Faktor, um den eine Option schneller steigt oder fällt als die zugrundeliegende Aktie oder der zugrundeliegende Aktienindex.

im Geld (Option)
Die *Option* wäre auch dann schon etwas wert, wenn sie jetzt an dem vereinbarten Termin angelangt wäre. Der aktuelle Kurs ist für den Optionskäufer zur Zeit günstiger als der *Basispreis.*

innerer Wert
Gibt an, wieviel man für die Option erhalten würde, wenn man sie jetzt ausüben würde.

Kontrakt
Beim Future: vereinbarte Summe, um die gehandelt wird. Beim Optionsgeschäft: festgelegte Menge von Optionen. Beim DAX sind es 10 Optionen, bei Aktien 50 Stück.

Option
Das Recht, Aktien oder einen *Aktienindex* zu einem festgelegten Preis *(Basispreis)* bis zu einem bestimmten Termin kaufen oder verkaufen zu dürfen oder die Differenz zwischen Basispreis und aktuellem Kurs erhalten zu dürfen.

Prämie
Der Preis der Option. Der Preis für eine Option steht in der Zeitung. Ein *Kontrakt* umfaßt mehr als eine Option.

Put
Verkaufsoption: das Recht, Aktien oder einen *Aktienindex* zu einem festgelegten Preis *(Basispreis)* bis zu einem bestimmten Termin verkaufen zu dürfen oder die Differenz zwischen Basispreis und aktuellem Kurs erhalten zu dürfen.

Settlement
Der Kurs, zu dem an einem gegebenen Tag die meisten Optionen gehandelt werden.

Spesen
Die Gebühren, die der Future- bzw. Optionskäufer und -verkäufer an die Bank und die DTB zu bezahlen haben: 90 DM pro Auftrag + 3 DM pro Kontrakt + 1 % vom Gesamtpreis für die Optionen.

Stillhalter
Der Verkäufer einer Option. Er bekommt die Prämie, geht aber eine Verpflichtung ein.

Volatilität
Schwankungsbreite. Man unterstellt manchen Aktien aus Erfahrungen der Vergangenheit, daß sie stärker schwanken als

andere. Daher gesteht man den entsprechenden Optionen häufig höhere *Aufgeld*er zu.

Uwe Lang ist auch Autor des Börsenbriefs *Börsensignale*. Dieser erscheint 14tägig und ist zu beziehen bei:

Deutschland:
Wertpapierberatung Lang & Hall GbR
Postfach 1263
D-86383 Stadtbergen
Tel.: 0821-2434919, FAX: 0821-2434959

Österreich:
Haidorfer Vermögensberatung
Postfach 47
A-1022 Wien
Tel.: 01-7105051, Fax: 01-7105051
E-mail: haidorfer@compuserve.com
http//www.swissinvest.net

Schweiz:
Haidorfer Vermögensberatung
Rohrhagstr. 10
CH-4104 Oberwil
Tel.: 061-4014950, Fax: 061-4014932
E-mail: haidorfer@compuserve.com
http//www.swissinvest.net